L'Écriture de la passion

Marguerite Duras

楚尘

文化
Chu Chen

北京楚尘文化传媒有限公司 出品

爱、谎言与写作

杜拉斯画传

[法]蕾蒂西娅·塞纳克 著

Lœtitia Cénac

黄红 译

目 录

不朽的，必定不朽的，玛·杜 / 001
写作的十个定义 / 004

印度支那的童年　1914—1930
006

多纳迪厄一家的传奇 / 016
父亲的命运 / 018
母亲的勇气 / 021
中国情人 / 036
情人和他的分身 / 040

玛格丽特发现巴黎　1931—1941
042

一个不循规蹈矩的少女 / 052
理智的婚姻 / 061
四手联弹：《法兰西帝国》 / 064
三个男人和一个丈夫 / 068

战争和痛苦　1941—1945
072

暧昧的时代 / 079
《人类》 / 088
爱德加·莫兰：圣日尔曼德普雷的同伴 / 094

圣伯努瓦街小组　1945—1956
096

　　杜拉斯的小伙伴们 / 104
　　圣日尔曼的母与子 / 110
　　母亲之书 / 116
　　玛格丽特的厨艺 / 122
　　菜谱：越南炒蛋 / 124

激情之地　1956—1964
126

　　情色年华 / 132
　　成名的光环 / 137
　　黑岩 / 143
　　玛格丽特的三个窝 / 150

杜拉斯拍电影　1964—1977
154

　　谁是安娜-玛丽·斯特雷特？ / 162
　　杜拉斯之季 / 168
　　街石之下是沙滩 / 173
　　迈克尔·朗斯戴尔，副领事 / 186
　　文学电影 / 188
　　杜拉斯款式 / 194

扬·安德烈亚或最后的爱情　1977—1982
196

米歇尔·芒索，女邻 / 206

80年夏 / 210

苦月 / 215

玛格丽特和总统 / 220

死亡的疾病 / 222

你会"杜拉斯体"吗？/ 228

光荣的时刻　1983—1996
230

绝妙的照片 / 234

皮提亚 / 243

多米尼克·布朗，女大使 / 246

写作指南 / 248

注释 / 257

关于杜拉斯 / 260

杜拉斯著作/电影列表 / 261

参考书目 / 266

致谢 / 269

IMMORTELLE,

FORCÉMENT IMMORTELLE,

MARGUERITE D.

不朽的，必定不朽的，玛·杜

纪念的时刻到来了：百年诞辰（她出生于1914年4月4日）和畅销几百万册的《情人》（1984年龚古尔奖获奖作品）出版三十周年。杜拉斯成了一个经典。被收入七星文库[1]——她若泉下有知，必定欣喜若狂——她是高中生读得最多的作家，作品被译成三十五种语言，深邃、丰盈、无限。五十几本书（小说、戏剧、剧本改编）、十九部电影、几百篇报刊文章、系列访谈、尚未发表的电影剧本，甚至还有两首歌词……这一切的共通之处是诗意，"因为除了诗，其他都算不上写作。真正的小说都是诗"。

杜拉斯是作家的代名词，她视写作为命运，视书为护身符。这是她活着或者说抵抗死亡——被孤独围绕的"致命的危险"的理由。如果大家对她进行戏仿或恶搞，那是因为她有自己的风格，在文坛独一无二。她的小音乐有一种咒语般的魔力。有一堆女人的名字（安娜-玛丽·斯特雷特、劳儿·V. 斯坦、奥蕾莉娅·斯坦纳、薇拉·巴克斯泰尔……），一串地名（暹罗、加尔各答、洞里萨湖、温哥华……），勾勒出一个特殊的领地，杜拉斯的领地。还有那些被解构、被挖空、深入骨髓的句子，对某些人而言是拿腔拿调，对另一些人而言却是天才的发现。玛格丽特·杜拉斯认定自己是法国最伟大的作家，用她的声音、她的沉默，用最准确、最贴切的笔触，总是那么简洁、凝练。她讲述什么呢？大多是爱情故事，从欲望、从激情、从超越爱情的爱情的角度去描绘。

不知疲倦地，她从童年的黑屋子里吐出过去的丝——那个她在印度支那湄公河畔生活过、在森林里游荡过的"荒蛮之地"。"童年总会留下什么东西"，最初的岁月演变为她创作的子宫，写作是她神圣的使命。记忆和想象纠缠在一起，她"虚构"了自己的生活，直到摧毁所有虚构和现实的界限，创造出一个唯一的世界，某种"虚真"。在玛格丽特·杜拉斯之前和之后，人们不再用同样的方式写作。她很清楚，在她的最后一本书《这就是一切》里，她黑夜里的情人扬·安德烈亚曾经这样问她：

"谁会记得您呢？"

"年轻读者，小学生。"

她这样回答。

Marguerite Duras

L'Écriture de la passion

IO DÉFINITIONS DE L'ÉCRITURE

写作的十个定义①

"如果是作家，就要二十四小时都投身写作，否则就不是。"
给亨利·舒克鲁（Henri Choukroun）的《为了一种创造的经济》（*Pour une nouvelle économie de la création*）写的序，1985

"恐惧一直都伴随着写作，无论何地，无论什么民众。这里有一张纸，上面一无所有。世界就从此开始。什么也没有，只有空白。而两个小时之后，它被填满了。这是和上帝竞争。人居然敢创造。你写作，你写作就是和造物主作对。你呀，你在玩你的小把戏。这真可怕。"
《福楼拜是……》（*Flaubert c'est...*），1982，见《外面的世界 II》

"写作并不是叙述故事。是叙述故事的反面。是同时叙述一切。是叙述一个故事同时又叙述这个故事的那种空失无有。是叙述一个由于故事不在而展开的故事。劳儿·瓦·斯坦是被 S. 塔拉举行的一场舞会给毁了的。劳儿·瓦·斯坦恰恰又因 S. 塔拉的一场舞会而得以形成。"
《物质生活》，1986

"我这样看待文学，就像史前的狩猎一样。当一个字还没有写成（……）写作，也是这样。
对新鲜的肉、屠杀、奔走、消耗精力的热衷。
也一样的盲目。
有一天，我说过这样的话，书的主题永远是自己。"
《新观察家》，1987

"一页写完，一页结束。写作就是一场哀悼。
我们失去了为什么写作的冲动，某种在想象面前的惊喜，而且我们对它并不了解，不了解。它就在我们的内心。却总像是受了神谕。"
《电视访谈录》，和皮埃尔·杜玛耶（Pierre Dumayet）的对谈，1992

"作家是很奇怪的。是矛盾也是荒谬。写作，也是不说话。是沉默。是无声的喊叫。作家常常带来轻松，他听得多。他不多说话，因为不可能对别人谈写成的书，特别是正在写的书。

不可能。这与电影、戏剧和其他演出相反。与一切阅读相反。这是最困难的。最糟糕的。因为书是未知物，是黑暗……"

《写作》，1995

"这使写作变得粗野。类似生命之前的粗野。你总能辨识它，森林的粗野，与时间一样古老的粗野。惧怕一切的粗野，它有别于生命本身，又与生命不可分。它顽强奋斗。缺乏体力是无法　写作的。必须战胜自己才能写作，必须战胜写出的东西。"

《写作》，1995

"写作如风，赤条条来，就是墨，就是写，和其他任何进入生活的东西都不一样，它就是生活，只是生活，别无其他。"

《写作》，1995

"我写下的是整个的人生。我这么做就像一个傻瓜。
这样也不错。
我从来没有自命不凡。
写一辈子，在写作中学会写作。
写作不会拯救。
这就是一切。"

《这就是一切》，1995

"我谈写作谈得太多了。那究竟是怎么一回事儿，我也不知道。"

《物质生活》，1986

① 这本传记涉及杜拉斯多个文本和法国现代出版档案馆（IMEC）的手稿资料，在译成中文时，译者参照了国内已有的中译本，如王道乾译的《情人》《物质生活》《痛苦》，桂裕芳译的《写作》《80年夏》，谭立德译的《广岛之恋》，刘方译的《成天上树的日子》，户思社等译的《这就是杜拉斯》等，在此一并致谢。——译注

UNE ENFANCE EN INDO- CHINE

印度支那的童年

1914—1930

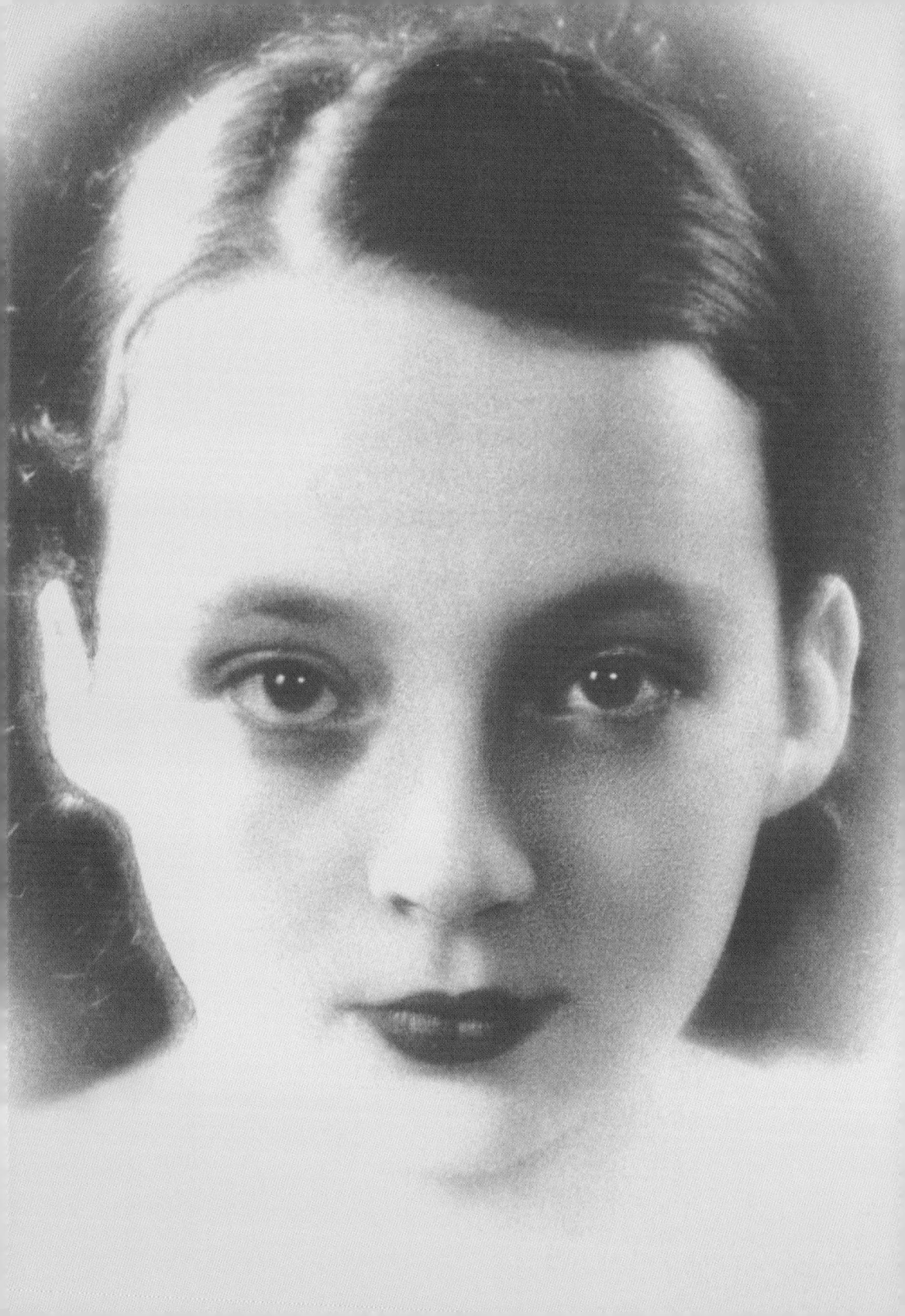

« L'HISTOIRE DE MA VIE N'EXISTE PAS. ÇA N'EXISTE PAS. IL N'Y A JAMAIS DE CENTRE. PAS DE CHEMIN, PAS DE LIGNE. IL Y A DE VASTES ENDROITS OÙ L'ON FAIT CROIRE QU'IL Y AVAIT QUELQU'UN, CE N'EST PAS VRAI IL N'Y AVAIT PERSONNE. »

"我的生命的历史并不存在。那是不存在的，没有的。并没有什么中心。也没有什么道路、线索。只有某些广阔的场地、住所，人们总是要你相信在那些地方曾经有过怎样一个人，不，不是那样，什么人也没有。"

《情人》

▲ 轮船和杜拉斯的想象联系在一起：海运公司的邮轮连接着印度支那和法国本土，轮船在西贡的河上穿梭。此图是湄公河上的蒸汽船"哥伦拔号"。

印度支那的童年

玛格丽特·杜拉斯，1914年4月4日出生在印度支那西贡西北部的嘉定。她随父亲的姓，多纳迪厄（Donnadieu）。杜拉斯是她的笔名。就是以这个名字，女作家在20世纪80年代中期成了一个"世界级"，用她自己的话说，甚至是"星球级"的作家。在父姓和笔名之间，是堪比生活和虚构之间的距离。一个可以吞没所有想象的距离。故乡、雨季、热带的酷暑，尤其是流入大海的河流，都将灌溉她的文学。出生在红河边，玛格丽特·杜拉斯坦言："想到我的童年就不能不想到水，我的故乡是一个水的国度。"[2]到处都是水：暴雨、江河、三角洲、西贡的河流，还有被水淹没的风信子。这也是灵感之源，爱情和地理融汇在一起，是她永不枯竭的源泉。在她的书和电影里，有那么多的名字像小石头一样蹦出来：暹罗、湄公河、沙湾拿吉……还有永隆（Vinh Long）、拉合尔、加尔各答……

人生的电影放映的就是这些最初的画面。"一切都源自童年。我之后看到的都毫无用处。司汤达说得对，无休无止的童年。"

36. TONKIN — Hanoï - Porteuses d'eau - Ville

- ▲ 一张东京³的明信片，画面上是挑水的女人（约 1908 年）。
- ▶ 12—13 页图：自行车、黄包车、汽车，在西贡宽敞的大街上交通并不拥堵（1930—1940 年）。
- ▶ 14 页图：法属印度支那的旅游海报（1931 年）。
  河内北部的三河湖地区，以瀑布、河谷、稻米梯田和喀斯特地貌的悬崖峭壁闻名。
- ▶ 15 页图：很久以前，越南北部就开始种植稻米。这是一张 1931 年的风景照。
  1938 年，一百万吨的出口量让印度支那成为世界第二大稻米出口产地。

印度支那的童年

011

LA SAGA DES DONNADIEU

多纳迪厄一家的传奇

玛格丽特的人生开始于白人统治的印度支那殖民地，埃皮纳勒[4]的图片上加了殖民地的头盔、橡胶园和摇椅……让玛格丽特父母离开法国去殖民地的是宣传画、皮埃尔·洛蒂（Pierre Loti）的小说、升迁的希望还是冒险的冲动？或许诸多因素都有一点，这在当时也是潮流。公务员和教师，他们属于世俗的"传教士"，要把朱尔·费里[5]的思想传播到国外。

亨利·多纳迪厄，嘉定师范学校的校长，玛丽·勒格朗（Marie Legrand），西贡市立学校的副校长，一个是鳏夫，一个是寡妇。1909年10月，两人结成连理。他们各自的原配，阿丽丝·里维埃尔和弗拉维昂·奥博斯居尔都因亚洲的恶劣气候而丢了性命。当时流行的疾病也的确很多：交趾支那胃肠炎（一种在热带国家旅游者易感染的致命的胃肠炎），肝炎、痢疾、鼠疫和霍乱，疟疾的祸害。去世的时候，年轻的前妻丢下两个孤儿：让和雅克·多纳迪厄，玛格丽特同父异母的哥哥。这些人都不会进入杜拉斯的传奇。丧礼刚过，亨利和玛丽就发布了结婚预告。1911年和1912年，皮埃尔——大哥、宠儿、游手好闲的小混混和保尔（Paul）——小哥哥、玩伴、心灵手巧的天真汉出生了。通过写作，他们都变成了小说中的人物，畅销书的主人公或反派，笼罩在母亲的阴影下，母亲才是杜拉斯系列作品真正的拱顶石。

玛格丽特是他们的第三个孩子，这个名字显然是为了纪念一个夭折的姨妈，之后又在这个名字后面加了日耳曼娜。她父母一个三十七岁，一个四十二岁。定居印度支那几乎有十个年头了。从玛格丽特的族谱来看，她的根扎在洛特河长满葡萄的山坡和佛兰德风吹麦浪的平原。她父亲来自法国西南部，家里人务农、织布和修鞋。她母亲来自北方，外公先做粮食生意，后来开了面包店。她的祖先并不像玛格丽

▼ 玛格丽特四岁。

两个哥哥皮埃尔和保尔,后来书中的人物,簇拥在她两旁。他们坐在柬埔寨一座宫殿的栏杆上。

特想的那么贫穷。她常常会夸大其词,不过生活就是她创作的素材,时间流逝,回忆会沾染上不同的颜色。玛格丽特个头像父亲,身材娇小,只有三个芒果那么高;淡绿色的眼睛像母亲。这些特征都很明显。但还是免不了有好事者幻想玛格丽特是她母亲和安南人偷情所生,我们时不时就会听到诸如此类的传言。如果说她有几分亚洲人的轮廓,那么说她是个小克里奥尔人也未尝不可。这种混血的长相另有原因,无非是一方水土养一方人。

印度支那的童年

LE DESTIN DU PÈRE
父亲的命运

一列蒸汽有轨电车把嘉定的首府和交趾支那的首都西贡连在一起。白人的城市，坐落在西贡河的两岸，毗邻湄公河三角洲，街道纵横交错，路两边柚木、榄仁树、金凤花掩映。一个街区挨着一个街区，商业区、娱乐区。它被誉为"远东的珍珠"。但是，热带的生活并不是一条平静的长河。欧洲人往往水土不服。亨利·多纳迪厄在女儿出世后不久就病倒了。他阑尾炎发作，之后住进西贡的一家医院，医生主张把他送回法国就医。一家人离开了嘉定棕榈树环绕的房子，还有矮塔和不计其数的黄包车，登上海运公司前往马赛的邮轮。旅行持续了一个月。刚回到法国，病还没痊愈，1915年11月，亨利·多纳迪厄又接到了祖国的召唤，不过他羸弱的身体让他免去了上前线和战壕的命运：因为他是五个孩子的父亲，而且之后还要回印度支那，他被归入后备军。两年过去。他先后被任命为河内和东京的宗主中学校长。他的妻子可以在附属小学教书。印度支那的首都是一个权力之地。它也是一个小巴黎，有奥斯曼建筑风格的都会新旅馆，保尔-贝尔街（和西贡的卡迪那街是姊妹街）是城市跳动的心脏，湖边是整饬一新的散步道，来往的是优雅的女士小姐，宛如在布洛涅森林公园。上学的时候，多纳迪厄一家人住在学校后面一栋门面讲究的文艺复兴风格的大房子里。夏天，一家人坐上三四天的火车到云南的山里避暑。玛格丽特没有忘记那些在永恒的中国待过的日子，她的两个哥哥在那里捉蛐蛐，就像她永远都记得和一个越南小男孩第一次互相摸了私处，她直到晚年才袒露这段往事："往事历历在目。我觉得被人摸了不光彩。当时我四岁，他十一岁半。"[6] 这是亲身经历还是想象？真真假假的回忆是玛格丽特的拿手好戏，她的作

印度支那的童年

018

▼ 1903年的戈达尔（Godard）府邸。
由东京的开拓者塞巴斯蒂安·戈达尔修建，它位于保尔-贝尔街，是河内欧洲区的主要街道。

◀ 亨利-爱弥儿·多纳迪厄，玛格丽特的父亲，摄于1918年。当他于1921年12月4日去世的时候，她七岁。在一本访谈书《话多的女人》中，她说："我没有过父亲。"

印度支那的童年

品就围绕着记忆和遗忘展开。1918年秋，一家人在河内得知停战协议签订的消息。1919年，亨利·多纳迪厄的事业开始逆转。在给了他几个要职之后，因为他的教学能力和关系网——还有共济会的缘故，当局决定给他更换职务。这个殖民地忠诚的公务员不再受到照拂：他的上司认为他不够严厉，还有妻子拖累。他从东京小学的教育督学位置上被降了职，派往柬埔寨就任督学。河内之后是金边。一家人跟着他从一个工作岗位到另一个工作岗位，居无定所。两兄弟学什么都慢，而玛格丽特却成绩优异。小姑娘从母亲那里遗传了学习的天分。过去的小学老师已经升任诺罗敦中学的女校长。她丈夫无暇顾全他负责的那么多所学校：他身体又不适了。他看青葱的稻田、飞檐的宝塔、塑金的铜像的日子已经不多了。他再次因病被护送回国，被送进马赛的医院，然后被送到布隆比埃尔的疗养院。知道自己时日无多，他隐居在普拉提耶刚买进的房子里，房子在巴尔达里昂村附近，位于德罗河河谷，离杜拉斯镇十公里之遥。他留在金边的妻子预感到了死亡之鸟的降临。第二天，1921年12月4日，亨利·多纳迪厄在远离家人的地方死去。那一年玛格丽特七岁，而不是她自己所说的四岁。

MÈRE COURAGE
母亲的勇气

　　母亲的史诗，某种从《抵挡太平洋的堤坝》（1934）到《情人》（1984）始终反复出现的武功歌就要开始了。寡母的阴影不停地扩大，她威严、古板、粗暴，穿着大口袋一样的裙子。这一刻，她拖着三个孩子，回到法国，目的地：洛特-加龙省的普拉提耶。他们在那里住了几乎两年。如果说母亲的形象在杜拉斯的作品里无所不在，那父亲却是完全地缺席。玛格丽特说他是个"数学天才"，她和他当年一样充满信心积极进取，他只是在后来才泄了气灰了心。不过她的笔名杜拉斯，带着一点贵族的气息——不是有一个杜拉斯公爵夫人吗？她也是一位作家——同名的村庄的的确确就在父亲的家乡。普拉提耶庄园，有十五亩地，桃树小径、葡萄园和公园，这一切玛格丽特都记在心上。二十年后，她把这里作为处女作《无耻之徒》的背景。她一直喜欢树，喜欢亲近自然。督学遗孀的法定假期结束了。玛格丽特十岁，于1924年6月离开了法国本土。这是她第二次回到印度支那。回殖民地的路从坐船开始，乘坐的是"亚马孙号"。旅途漫长而奢华，一等舱，甲板上的游戏，还不算沿途经停的充满异国情调的地方——塞得港、吉布提、科伦坡、槟榔屿、新加坡，这一切都是想象的酵母，她在电影《印度之歌》里诗意地将旧地一一回顾。

◀ 1929年的广告宣传册。
法属印度支那拥有多个像东京和安南这样的宗主国，还有交趾支那殖民地。

印度支那的童年

印度支那的童年

母亲终于说服了当局。她一封接一封的来信有了结果：她不用再留在金边，那个充满惊涛骇浪、让她想起丈夫的死、对子女教育不利的地方。玛丽·多纳迪厄四十七岁，在殖民地服务已经超过了二十年，她大可以吹嘘自己是印度支那年纪最大的女教师。1924年开学，她被调到群鸟平原的永隆，离西贡一百公里，一所丛林中的学校任职。她气急败坏，认为自己成了一个阴谋的牺牲品。她想调去河内，却不料被派到交趾支那的穷乡僻壤。她越来越觉得孤单、落寞。绝望在一天天扩大。在这样的条件下，如何去养育她的孩子？她把十四岁的长子皮埃尔送去法国本土学习。他三年后回来，没有通过会考。对玛格丽特而言，永隆是少男少女爱的天堂，天水交融，是她日后作品中无与伦比的风景。这里是白人区，整齐划一的街道，弥漫着苹果树、肉桂树和缅栀子芬芳的花园，体育俱乐部的网球场，还有沉睡的河流，湄公河的上游，越南话称它为"前江"（Tien Giang）。真正意义上的印度支那的童年从这里开始。保尔和玛格丽特自由自在。他们在稻田的泥地里玩耍，缠在高大的芒果树的枝丫上，在丛林中冒险，那是老虎和猴子的王国。玛丽·多纳迪厄辛勤工作：她掌管一所女子学校，也做点家教。她非常注意卫生，让小男仆用水和马赛肥

◀（上）运马的渡船（1921—1922年）。"我的故乡是一个水的国度。"玛格丽特·杜拉斯如是说。
◀（下）全家合影（1920年）。
  中间是玛丽·多纳迪厄，两边是她的女儿玛格丽特和穿着海魂衫的儿子皮埃尔与保尔。
  "有时候，母亲宣布：明天我们去照相馆。她抱怨价格贵，但她还是会花钱去拍全家福。"（《情人》）
▶ 24页图：玛丽·勒格朗，玛格丽特的母亲，约1910年。
  她成了弗拉维昂·奥博斯居尔的寡妇，1909年在西贡的市政厅里再嫁给亨利·多纳迪厄，他恰巧是个鳏夫。"她头发梳得整齐，一丝不苟，文静得像一幅画。"（《情人》）

印度支那的童年

Vu pour certification ?
to. de Mme. Donnad-
titutrice de Cochinchi
 conf' rég   NE FRAN
          OCHINCHINE FRAN

« J'AI EU CETTE CHANCE D'AVOIR UNE MÈRE DÉSESPÉRÉE D'UN DÉSESPOIR SI PUR QUE MÊME LE BONHEUR DE LA VIE, SI VIF SOIT-IL, QUELQUEFOIS, N'ARRIVAIT PAS À L'EN DISTRAIRE TOUT À FAIT. »

"有一个绝望的母亲,真可说是我的幸运,绝望是那么彻底,向往生活的幸福尽管那么强烈,也不可能完全分散她的这种绝望。"

《情人》

▶ 玛格丽特光着脚站在一座塔前（约1927年）。
这是青春期刚开始的阶段，她每天晚上都要把辫子重新编一编。"有一段时间，我总是拼命梳头，把头发往后拢，我想让头发平平的，尽量不让人看见。"（《情人》）

皂冲洗黄土房的地板。她越来越爱大喊大叫。两个儿子不听她的话：一个只想着打猎，而另一个整天沉迷在鸦片烟馆里。当她生起气来，她就把女儿当"肮脏的安南小丫头"来教训。傍晚时分，工作结束，为了躲避炎热，她就会套上她的"维多利亚"[7]出去溜达一圈。有一次，小姑娘读了维克多·雨果的《悲惨世界》和德里（Delly）的爱情小说，宣告："我想写书。"那年她十二岁，已经知道自己以后想做什么。母亲沉默不语，心里却想，做买卖才是更好的出路。

永隆，也是杜拉斯遇到总督夫人和女乞丐的地方，这两人是社会的两个原型，一个代表白人的印度支那，另一个代表当地人的悲惨境遇。这两人在文学世界的出现都引起了不小的震动。女乞丐的漫长跋涉在杜拉斯的书中留下了足迹，在书中她也走过千山万水，从柬埔寨到印度，途经暹罗和缅甸。大喊大叫的疯女人，以鱼为食，把自己的女婴卖给玛丽·多纳迪厄。"有一天，她来了，她听说我母亲收养孩子。她走了几百公里，把这个孩子带到这里，她已经无力抚养，也背不动她了，因为她的脚上有一个可怕的伤口。"[8] 孩子没有活下来。1992年，晚年的杜拉斯在和记者皮埃尔·杜玛耶的访谈中，哭着讲述了这段经历："我母亲把孩子给我，她对我说'你来照看她……我没有时间'。

我让人喂东西给她吃，我开始喜欢这个孩子。

有一天，大家发现她死了。"

印度支那的童年

她一直都没有释怀。杜拉斯说女乞丐这个人物始终如影随形。显然是她在那些年里遇到的好几个女乞丐凝聚成了一个挥之不去的回忆。女乞丐象征了不幸，最初出现在《副领事》这部小说中；她在好几本书中游荡，在电影《印度之歌》中以画外音（一位老挝女大学生录的一段声音）的形式再次出现。童年另一个难忘的回忆是伊丽莎白·斯特里德（Élisabeth Striedter），总督夫人，以小说女主人公安娜-玛丽·斯特雷特的名字镌刻在文学的记忆里。"一个新总督携夫人和两个女儿从老挝来到这里"，杜拉斯告诉多米尼克·诺盖（Dominique Noguez），"这个女人第一次走进我的书里是在1964年，是《劳儿之劫》……我不知道劳拉-瓦莱丽·斯坦是从哪儿来的。但我知道安娜-玛丽·斯特雷特，她就是伊丽莎白·斯特里德。1965年，她在《副领事》中成了安娜-玛丽·斯特雷特。1975年的电影《印度之歌》中也保留了这个名字。"[9] 杜拉斯承认从来没有近距离地见过这个红棕色头发、异常苍白的女人，但"常常透过公园的栅栏或在总督府大厅举行的节庆上见到她"。她只是见过她吗？看她坐在黑色的利穆新轿车里，或两个女儿陪着她？不能肯定……但她显然听说过她，听过一个年轻男子为了她自杀的传言。永远都掌握着生杀大权，这个"心染了麻风病"的女人萦绕在玛格丽特的笔尖，成了杜拉斯世界的一个标志性人物。

永隆之后，一家人迁往北部二十公里湄公河三角洲的沙沥，在水草平原[10]。玛丽·多纳迪厄在那里待了五年，从1925年到1930年，在丛林地区执教。那是1927年，就在她得到任命前的那个夏天，她拥有了一块三百公顷可用于种植水稻的租让地。一条法令鼓励白人在交趾支那、安南和柬埔寨买地。玛丽有的是精力和野心。尤其是她希望能安置好家人，特别是两个她认为在学业上毫无指望的儿子。

▼ 玛格丽特和她的女友,沙沥(Sadec)太平绅士的女儿,1930年。

印度支那的童年

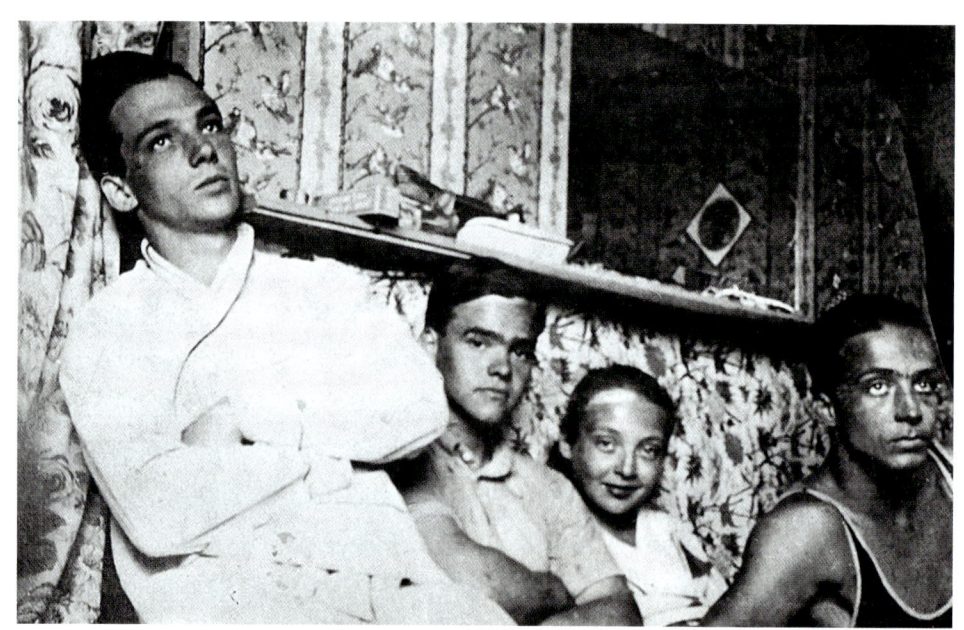

印度支那的童年

租让地位于柬埔寨西南部的贡布（Kampot）地区，皇家的疗养地，旅游业前景大好。波雷诺（Prey Nop）的景色美得令人窒息。这个天涯海角，面朝太平洋，背靠象山山脉（la chaîne des Éléphants），紧挨着茂密的森林，那是神秘的禁地，十三岁的玛格丽特跟着十六岁捕杀猴子和鸟的保尔。他们说越南话，和这片大自然融为一体。开始修建房屋和拓荒。如果我们相信《抵挡太平洋的堤坝》，这位"稻田圣母"发财的美梦在一夜潮汐之后就破灭了。人们给她的是一块无法耕种的土地，每隔一段时间就会被潮水淹没。水稻泡汤了，家也败了。但母亲却知其不可为而为之。她属于那种不甘心失败的人。她向放高利贷的印度人——切提人[1]借了钱，招了一堆工人用红树的树干来修筑堤坝。海水将被拦住，水稻将会生长。只是堤坝被稻田里的螃蟹啃烂了，坍塌了。这是一场灾难，母亲的悲剧。玛丽·多纳迪厄被骗了，成了"殖民压榨"的牺牲品。从那以后，她投入了一场旷日持久的抗争，抵制地籍管理部门的腐败和殖民统治的不公。有时候她整日消沉，绝望忧郁到了疯狂的边缘……危机持续了几年。今天，我们或许可以说她是患了躁郁症，时而躁狂，时而抑郁。

◀ 保尔、他们的表兄保尔·朗伯维尔-尼科尔、玛格丽特和皮埃尔（从左到右）在旺弗（Vanves）的公寓里（1932 年）。

◀ 《抵挡太平洋的堤坝》，潘礼德（Rithy Panh）导演、法国与柬埔寨合拍的电影（2008 年），伊莎贝尔·于佩尔（Isabelle Huppert）饰演玛丽·多纳迪厄一角。

▶ 图 32—33 页：高原省高平的水牛稻田的景色（1976 年）。
一望无垠的稻田阡陌纵横，土堤确保了稻田的灌溉。

▶ 图 34 页：玛格丽特和玛丽·多纳迪厄，"我的母亲，我的爱"。

印度支那的童年

« DANS MON ENFANCE, LE MALHEUR DE MA MÈRE A OCCUPÉ LE LIEU DU RÊVE. »

"在我的幼年,我的梦充满着我母亲的不幸。"

《情人》

L'AMANT CHINOIS

中国情人

总让人给女儿做听写练习的玛丽非常关心她的教育。她对两个游手好闲、意志薄弱的儿子没了指望。不管对她最宠爱的吸鸦片的长子，还是对自以为是印度支那最伟大的猎手的次子。她把希望寄托在玛格丽特身上，给她注册了西贡的夏瑟鲁普-洛巴（Chasseloup-Laubat）中学。就在这所男女同校的多种族学校，玛格丽特结识了海伦·拉戈奈尔（Hélène Lagonelle），她书中的另一个人物。因为学校没有寄宿生，少女玛格丽特和另外三位女生都住在 C 小姐家，一个有暴露癖倾向的老女人。在点缀着花园的白人的城区，她感到自己错位了，不入流。难道她不是一个野丫头吗？十五岁，她觉得自己身材矮小，比例失调，穿着寒酸的从卡迪那街买的"降价的便宜货"，拖着两条可笑的及臀的长辫子。这个等级森严的社会给她指出了属于她的阶层，也就是社会的底层：女教师（而且还是个寡妇）的女儿。正是这位穿着宽松睡袍一样的裙子和棉袜的母亲的来访让她感到蒙羞。玛丽·多纳迪厄可没闲钱扮俏，就像北方人所说的。对她而言，一个铜板也是一个铜板。她把这种总担心缺衣少食，这种"可恶的穷人心理"灌输给了女儿。幸好，她生活在沙沥，玛格丽特只有在周末的时候才会见到她。接下来的故事属于文学和电影，属于《情人》的所有读者和观众。湄公河渡轮上难忘的画面，戴着平檐男帽、穿着真丝连衣裙和舞会高跟鞋的女孩，穿浅色柞丝绸西装、手上戴着钻石戒指、乘坐莫里斯·莱昂-博来[12]的情人……这次相遇之后是堤坝一个格子间里离经叛道的爱情，肌肤的温存和罐子里的水，喧闹的中国城……情人真的存在过，他叫黄水梨（Huynh

印度支那的童年

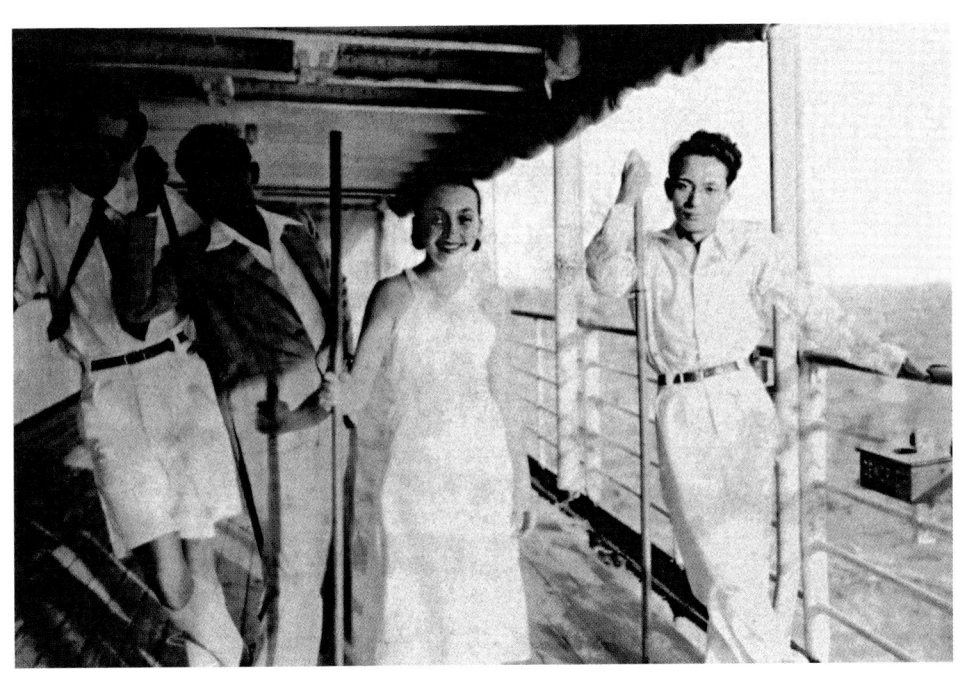

▲ 玛格丽特和她的同学们在"波尔托斯号"(Porthos)游轮的甲板上(1933年)。

印度支那的童年

Thuy Lè），蓝色琉璃瓷砖栏杆的房子正对着河水。由此，这个作家写出了很多变奏的故事是可信的，直到最后一稿，1991年的《来自中国北方的情人》……她的朋友，哲学家爱德加·莫兰（Edgar Morin）提醒说：

"玛格丽特是一个谎话连篇的人。"[13]

◀ 玛格丽特于1933年。
她戴着母亲送她的玉镯子，玉是她的吉祥石。

L'AMANT ET SON DOUBLE
情人和他的分身

小说版《情人》和它的分身电影版《情人》之间有什么共同之处？它们都获得了巨大的商业成功。书卖了二百五十万册，是杜拉斯最畅销的作品，让-雅克·阿诺（Jean-Jacques Annaud）的电影有三百五十万人次观影（在法国）。改编的事说来话长。1987年，杜拉斯把小说的电影版权卖给制片人克洛德·贝里（Claude Berri）。虽然在此前的二十年里她都在声讨"烧钱"的商业电影，但她卖版权还是为了钱：一百五十万法郎的版权转让费外加百分之十的盈利。在建议克洛德·贝里拍摄她朗读《情人》的镜头之后，她接受和让-雅克·阿诺一起合写剧本（她原本更愿意跟布鲁诺·努坦[①]或约翰·休斯顿[②]合作）。

杜拉斯发现导演关心的是物质的、历史的细节，他走的是一条重构故事的路子。"他以为我是《走出非洲》（Out of Africa）里面的卡伦·布里克森（Karen Blixen）。误解就在这里。他把《情人》和一本回忆录混淆了。"[③]合作很快就中止了。在此期间，杜拉斯住了好几个月的医院。等她从诊所出来，她发现电影脚本已经在她不在的时候写好了。剧本署名让-雅克·阿诺和跟他合作多年的编剧搭档热拉尔·德拉什（Gérard Drach）。作家得到了金钱补偿，

《情人》，让-雅克·阿诺导演的长片（1991），梁家辉和珍·玛奇主演。左图，戴着平檐男帽的"女孩"标志性的照片。右图，堤岸一间单人公寓里的活色生香。

又额外获得一百万法郎。作家拿这笔钱在雷恩街（Rennes）买了一套公寓，却没有给出她最后的答复。1990年夏，杜拉斯创作了《来自中国北方的情人》提前作为对电影的回应，她以这种方式又重新拥有了自己的故事。

英法越三方斥巨资（一亿二千万法郎）合拍的电影于1992年1月22日上映，珍·玛奇（Jane March）和梁家辉领衔主演。没有比电影更好的广告来促销玛格丽特的两本《情人》[4]了。

---

[1] 布鲁诺·努坦（Bruno Nuytten，1945— ）：法国电影导演，曾执导《罗丹的情人》《泉水玛侬》等。——译注
[2] 约翰·休斯顿（John Huston，1906—1987）：美国电影导演，曾执导《碧血金沙》《在火山下》《普里兹家族的荣誉》等。——译注
[3] 《物质生活》，伽利玛出版社。
[4] 指的是《情人》和《来自中国北方的情人》。——译注

MARGUERITE DÉCOUVRE PARIS

玛格丽特发现巴黎

1931—1941

« POUR
DES RAISONS
DIVERSES,
LA HONTE
RECOUVRE
TOUTE
MA VIE. »

"因为种种原因，我这一生都让羞愧笼罩不得解脱。"

《物质生活》

▲ 1932年,玛格丽特在旺弗区的公寓里。这一时期,她测试自己对小伙子的诱惑力究竟有多大。

玛格丽特发现巴黎

▲ 玛格丽特是她同时代的少女中最早拥有轿车的女子（约 1930 年）。
她对汽车的热爱延续了一辈子。

玛格丽特发现巴黎

殖民地的生活总是伴随着在印度支那航线上乘船旅行的节奏。玛丽·多纳迪厄刚好已经有六年时间没有踏足法国本土了。行政部门爽快地给了她一年的休假。在普拉提耶过完暑假，1931年秋开学的时候，一段新生活在巴黎开始了。作为公务员、有三个孩子要照拂的寡妇，女教师从巴黎市政厅那里得到一套旺弗区的公寓，位于维克多·雨果街16号。她女儿并没有在家附近的米什莱中学读高三。就像美式传记作家让·瓦里尔（Jean Vallier）在《这就是杜拉斯》一书中所说，她给女儿注册了奥特伊（Auteuil）的西扬西亚中学，一所十六区和诺伊区富有的资产阶级子女趋之若鹜的时髦的私立学校。这就是杜拉斯日后描绘的自己当年的寒酸样：冬天没有大衣，不能天天吃上热乎乎的饭菜。据家族纪事记载，她继承了父亲在数学上的天赋。受到她在这一学科所取得的优异成绩的鼓舞，母亲决定让她报考数学专业中学教师资格证书。

当时，大家都叫她小D，因为她个头小，还因为她痛恨自己的姓。玛格丽特，十七岁，是一个一米五二的小娇娃。窈窕、优雅，她知道如何凸显她曼妙的身姿。她的脸带着一丝东方的气息，饱满的红唇和猫一样的细长眼睛，让她看起来格外迷人。和父亲一样，她很有魅力。她会测试自己的诱惑力，迷得小伙子们晕头转向。小美人尽情享受巴黎，看电影，看演出，和哥哥、表兄一起出去玩。她的日记就像一本舞会的手册。她在上面列出了护花使者的名单：执着追求她的贝尔纳，她并不喜欢的表哥保尔·朗伯维尔-尼科尔，还有同班同学勒高克，她常跟他要钱和各种礼物。玛格丽特是在学习当一个交际花吗？不，她只是一个缺钱的穷人家女孩热切地想领略生活罢了。金钱对她而言至关重要。它在某种意义上和爱情维系在一起，之后又和写作联系在一起。即使日后有钱了，她还是害怕会有不时之需。做妓女的

玛格丽特发现巴黎

- 玛格丽特和大哥皮埃尔，她在《情人》中这样形容他："他还算不上匪徒，他是家中的流氓，撬柜的窃贼，一个不拿凶器杀人的杀人犯。"
- 图 50—51 页：圆顶咖啡馆（布拉萨伊摄于 1932 年），1897 年开业，位于蒙帕纳斯大街 108 号。以"英美"风格闻名，这是一个知识分子聚会的场所。

幻想在她的作品中很常见。在她的"小日记"里，她常常抱怨母亲打她，缺少柔情和关爱，同样还有那个吸鸦片、整天流连在蒙帕纳斯（Montparnasse）乌烟瘴气的酒吧间里的大哥。玛格丽特·杜拉斯，说起印度支那的童年来喋喋不休，却对处在人生转折点的这一年所言甚少。这是有原因的！这一年未成年的她怀孕了。富家子弟的家长让她流产。玛格丽特的母亲永远都不知道这件事：假证明上写的是阑尾炎。这个伤口很难愈合。几十年过去，1985 年，她在《另类日志》的一个专栏里写道：

"人们以为打掉的只是一个胎盘，却没有意识到怀着的已经是一个婴儿。

流产就是扼杀婴儿。就此而言，处处都是谎言，还有女人绝望的虚伪。而女人，她们一言不发。"[14] 在同一时期，1984 年发表的《情人》的开篇那段有些含蓄的忏悔是否也与此相关？"太晚了，太晚了，在我这一生中，这未免来得太早，也过于匆匆。才十八岁，就已经太迟了。在十八岁和二十五岁之间，我原来的面容早已不知去向。我在十八岁的时候就变老了……衰老的过程是冷酷无情的。我眼看着衰老在我颜面上步步紧逼，一点点侵蚀，我的面容各有关部位也发生了变化，两眼变得越来越大，目光变得凄切无神，嘴变得更加固定僵化，额头刻满了深深的裂痕。"未必如此：杜拉斯比谁都懂得如何弄乱线索。

玛格丽特发现巴黎

UNE JEUNE FILLE PAS RANGÉE

一个不循规蹈矩的少女

回印度支那的时刻到了。这一次，玛丽·多纳迪厄运气不错，得到了一个西贡的职务。她撇下皮埃尔，任他和巴黎的狐朋狗友鬼混，带着十八岁刚顺利通过第一轮会考的玛格丽特和即将服兵役的保尔回去。回西贡的日子持续了一年，这段时间女孩通过了第二轮会考。永别了，美丽的殖民地，玛格丽特再也没有回去过。她把童年迷人和可怕的回忆留在了身后。很快，她在钢琴上弹奏起她对往昔的记忆。她离开了保尔和母亲，母亲卖了普拉提耶庄园，在西贡罗望子树林立的泰斯塔尔街买了一个带花园的别墅。

回法国继续学业，玛格丽特和二十三岁的皮埃尔一起住在旺弗区的公寓里，皮埃尔穿着斜纹西装，一副皮条客的模样。更喜欢独立的玛格丽特于次年搬到了肖梅尔街的一个家庭公寓，离乐蓬马歇百货公司两步之遥。1933年，她十九岁，注册了位于先贤祠广场的巴黎大学法学院。女生并不多，有一些只是为了找个好老公。女性还没有取得选举权，直到1944年4月21日她们才被赋予这一权利。在她那帮出名的朋友中，从弗朗索瓦·密特朗到克洛德·鲁瓦[15]，从雷蒙·奥布拉克[16]到莱昂·齐特罗纳[17]，她邂逅了弗雷德里克·马克斯（Frédéric Max），后来被她称作"诺伊的小犹太人"，是他让她发现了"奇妙的犹太籍"。她和这位新情人一起读《圣经》，一直到晚年这都是她最看重的书。每周他们都去听莫扎特、巴赫、海顿的音乐会。正是他，日后成了孟买的副领事，为杜拉斯作品中神话般的人物——拉合尔的"副领事"提供了原型。迈克尔·朗斯戴尔（Michael Lonsdale）在电影里扮演了这一角色，他在《印度之歌》中嘶喊着生之苦痛。而在现实生活中发出哀号并陷入抑郁不能自拔的是让·拉格罗莱（Jean Lagrolet），玛格丽特那一时期的另一个情人。英俊、高大、棕色头发，他很浪漫，个性阴郁。玛格丽特和他分享写作的爱好，

玛格丽特发现巴黎

▲ 对玛格丽特（约 1930 年）而言，阅读和写作是分不开的。她的一部电影的名字就是《阿嘉塔或无限的阅读》。

玛格丽特发现巴黎

▼ 布景画家保尔·科兰（Paul Colin）为乔治·皮托艾弗（Georges Pitoëff）导演的费尔迪南·布鲁克纳（Ferdinand Bruckner）的戏剧《罪犯》（*Criminels*）（1930年）画的海报。在1915年至1939年间，这位孜孜不倦的创作者上演了一百一十部戏剧。

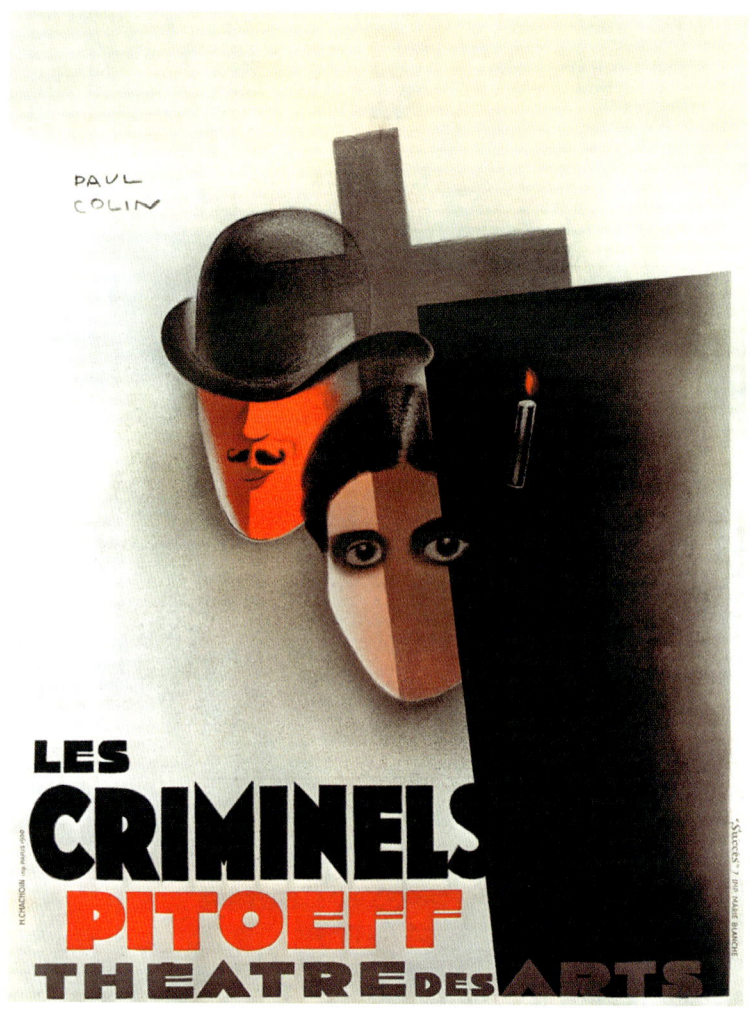

玛格丽特发现巴黎

两人都渴望日后成为作家，他的小说《战胜嫉妒的人》获得了五月文学奖，他也算是得偿所愿。他推荐玛格丽特读福克纳、T. S. 艾略特、康拉德。他们一起去剧院，先听了法兰西喜剧院的传统剧目，直到发现在马图兰剧院演先锋戏剧的不可超越的柳德米拉（Ludmilla）和乔治·皮托艾弗。

玛格丽特时不时会收到母亲寄来的汇票，尽管母亲已经退休了，但她刚刚在西贡开办了一所学校。玛格丽特二十岁，她给自己买了一辆福特敞篷汽车。她是同时代的姑娘当中唯一一个拥有汽车的人。女性解放的时代到来了：在奥地利、意大利、蓝色海岸、诺曼底东游游西荡荡。她对汽车的热爱从来就没有消减过。她一直喜欢速度和得到自由的感觉，有机会的话也很乐意跟陌生人谈"车"。1936年1月，让·拉格罗莱给她介绍了几个他在巴约讷中学的长凳上结识的朋友，乔治·博尚（Georges Beauchamp）和罗伯特·昂泰尔姆（Robert Antelme），他们日后成了玛格丽特一生的挚友。很快，玛格丽特的心就偏向了罗伯特。虽然外表不那么迷人，但他个性很阳光，不像让那么扭曲。接下来上演的是一出年轻人要死要活的悲喜剧。结局是出轻喜剧：乔治带让去中欧旅行，而玛格丽特和罗伯特在首都编织一段宁静的爱情。小伙子比她小三岁，1917年出生在科西嘉的萨尔坦一个富有、古典、保守的天主教家庭里。他是个难得的好人，非常随和，就像陀思妥耶夫斯基笔下的梅什金公爵。他的朋友对他交口称赞。他灿烂的笑容流露出他内心的仁慈。两个"订了婚"的恋人取得了法律学士学位。玛格丽特还取得了另两个高等教育的文凭，一个是公共法，另一个是政治经济学。

沸腾的拉丁区是骚动的巴黎的一个缩写，整座城市在金融丑闻、社会斗争和战争的威胁下动荡不安。人们在烟雾缭绕的咖啡馆整夜整夜地谈论法国的时局和政治的走向。一些人为罗伯特·布拉西亚克和夏尔·莫拉热情高涨，读《巴黎回声报》，信仰墨索里尼和法西斯；另一些人则加入人民阵线，捍卫莱昂·布鲁姆[18]，发现安德烈·马尔罗和之后让-保罗·萨特的作品。

▶ 度假中的玛格丽特和她的情人——日后的作家让·拉格罗莱（约1935年）。

« JE POURRAIS ME TROMPER, CROIRE QUE JE SUIS BELLE COMME LES FEMMES BELLES, COMME LES FEMMES REGARDÉES, PARCE QU'ON ME REGARDE VRAIMENT BEAUCOUP. MAIS MOI JE SAIS QUE CE N'EST PAS UNE QUESTION DE BEAUTÉ MAIS D'AUTRE CHOSE, PAR EXEMPLE, OUI, D'AUTRE CHOSE, PAR EXEMPLE D'ESPRIT. »

"我也可能自欺自误,以为我就像那些美妇人、那些招引人盯着看的女人那样美,因为,的确,别人总是盯着我看。我么,我知道那不是什么美不美的问题,是另一回事,是的,比如说,是另一回事,比如说,是个性的问题。"

《情人》

MARIAGE DE SAGESSE

理智的婚姻

1937年5月25日到11月25日，万国博览会热热闹闹地召开。夏约宫和东京宫拔地而起。各国的展馆争奇斗艳。劳尔·杜飞[19]画了巨幅装饰画《电仙女》（60m×10m），毕加索展出了象征德军野蛮行径的《格尔尼卡》。这一年秋天，玛格丽特把命运抓在手里。她在殖民部找到了工作。是有人推荐，还是她自己搞定的？不管怎么说，她一家人过去的经历是个优势。她先在殖民地信息和档案处工作，之后到了法国香蕉推广委员会任职……她能消化大量的技术资料，把它们综合成精彩的文章。至于罗伯特·昂泰尔姆，和他的朋友弗朗索瓦·密特朗一样，于1938年应征入伍。他是和平主义者，军队让他感到压抑。作为新编入伍的二等兵，他在鲁昂的步兵团里郁郁寡欢。他的活力和诗意都到哪儿去了？更何况每当他难得休假回来，玛格丽特并不总是守在火炉边等他。"让我得救的，是我欺骗和我一起生活的男人：我会离开。我不忠诚。并非一直不忠，但大多数时候我是花心的。也就是说我喜欢这样，我爱的是爱情……"[20]她对给她写了一本传记的劳拉·阿德莱尔（Laure Adler）坦承不讳。不过，在德法宣战的第二天，她主动给罗伯特发了一封电报："想嫁给你。回巴黎。停。玛格丽特。"

◀ 玛格丽特·杜拉斯和她的丈夫罗伯特·昂泰尔姆，她说他是她最重要的男人（约1940年）。
▶ 两个端着机关枪放哨的法国军队哨兵（1939—1940年）。

玛格丽特发现巴黎

▶ 玛格丽特在两个对她一生都很重要的男人中间：左边是情人迪奥尼斯·马斯科洛（Dionys Mascolo），右边是丈夫罗伯特·昂泰尔姆。"三人行"的照片是安娜-玛丽·昂拉于1943年拍摄的。

她并没有为他消耗爱情，她对他不是一见倾心，而激情才是她——描写欲望的作家——很快在她所有书中讴歌的对象，但她欣赏他。更难得的是：他让她安心。她可以躲在他呵护备至的怀中。况且她与此同时还跟一个已婚的情人纠缠不清。她断了私情，于1939年9月23日在十五区的市政厅登记结婚。玛格丽特和罗伯特的关系就像同一只手上的手指头一样密切，1947年他们离婚后一直都是最好的朋友，直到1976年她在《女巫》（*La Sorcière*）杂志上发表了名为《没有死在集中营》（*Pas mort en déportation*）的文章，讲述了罗伯特从达豪（Dachau）集中营归来的经历。她并没有透露他的身份，只是称他为罗伯特·L.，但他却不能原谅她的冒昧，更有甚者，是对他们私生活的一种僭越。"她竟敢"，他大声感叹，脸色苍白。竟敢用他在集中营的经历来做文章。玛格丽特1990年没有去参加他的葬礼，在拍摄的几次访谈中，她表达了动情的缅怀：

"这是我认识的对所有他见过、了解过的人影响最大的一个人。他是我一生中最重要的人。

我不知道如何去形容：或许是一种慈悲。他无声胜有声。他不提任何意见，但没有他的意见，一切都无法裁决。他就是智慧的化身。"[21]

玛格丽特发现巴黎

四手联弹：《法兰西帝国》

奇怪战争期间，应征入伍的罗伯特在前线，玛格丽特一个人留在巴黎。她参与编写的乔治·芒戴尔[22]交代的那本书清楚地反映了那个时代。这个邮电部的前部长成了殖民部部长，尽管他之前瞄上的是国防部部长的位置，他的确非常痛恨第三帝国。对这位忠于克列蒙梭、深受"一战"影响的部长而言，一旦开战，殖民地（一千一百万居民）就是一个兵源储备库（六十万士兵）。为了向民众传播他的观点，他想谱写一曲殖民帝国的颂歌。这个任务落在他的新闻专员菲利普·罗克（Philippe Roques）肩上，而印度支那的专家玛格丽特是他的助手。《法兰西帝国》（L'Empire français）——宣传殖民地的著作，书中玛格丽特刻意隐去了她的个人介绍——于1940年在伽利玛出版社的"问题与资料"系列丛书里出版。乔治·芒戴尔作序，这本书题献给皮埃尔·拉菲，当时殖民部的报刊和广播专员，他和菲利普·罗克、玛格丽特·多纳迪厄一起在书上署了名。法国历史掀开了它最黑暗的篇章：索姆河前线溃败，法国军队大撤退，一千万人踏上流亡之路。6月18日，戴高乐将军从伦敦发出继续战斗抵抗纳粹德国的号召。6月22日，贝当在保尔·雷诺辞职后签署了停战协议。玛格丽特·昂泰尔姆在外省一直关注时局，她于8月回到巴黎，在那里和退伍的丈夫重聚。占领区的第一个冬天异常严酷。天气很冷，粮食实行了配给制，供应短缺。没了工作，玛格丽特开始起草她的第一部小说，故事发生在上凯尔西地区，也就是说在父亲的家乡。罗伯特在巴黎警察局找到了一份文书起草员的工作。

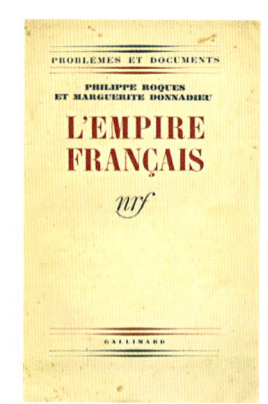

玛格丽特发现巴黎

◀ 玛格丽特的第一本书，署的是她少女的姓氏——多纳迪厄，和菲利普·罗克合写。她把这本亲殖民主义的命题作文从她的著作列表中删掉了。

▼ 铅笔裙和双色无带浅口皮鞋：20 世纪 40 年代初期，玛格丽特就是时尚的标杆。

玛格丽特发现巴黎

▲ 占领初期，玛格丽特是个观望主义者，后来她参加了抵抗运动，而且一生都为犹太人所经历的这场浩劫痛苦不已。

玛格丽特发现巴黎

维希政府要求特殊对待犹太人。一些告示禁止他们进入商店。有些家庭出于谨慎改了姓氏，有些人被褫夺了法国国籍。玛格丽特对正在发生的事情认识不足。解放后，当她得知毒气室的事情后，大受震动。出于友爱和内疚，她自称"犹太人"，永远都是"犹太籍"。她书中的主人公有犹太人的姓氏。像《劳儿之劫》《阿邦、萨芭娜和大卫》《扬·安德烈亚·斯坦纳》都让犹太人的名字得以弘扬。"我的生活，"她在1985年的一封信中这样写道，"首先是童年，之后是青少年，一切都一清二楚。随后突然意外地，就像闪电，出现了犹太人。但成年后就没那么清晰了：犹太人被屠杀了。1944年。

我十六岁。很久以后我才醒悟到自己有过十六岁。

那是奥斯威辛。

这期间我经历了战争、生孩子、爱情，一切都冲淡了。只留下了犹太人。而我对此无法言说。" [23]

那时候，她刚写完第一部小说《塔内朗一家》（*La Famille Taneran*），这个姓氏让人联想到乡土。她于1941年2月把手稿寄给加斯东·伽利玛，并附了一封信，提醒他曾经出版过自己的作品，之后表示："现在我想开始尝试小说的创作。"答复是否定的，不过雷蒙·格诺（Raymond Queneau），伽利玛出版社的审稿人，用有点笨拙的话鼓励作家。他给了她一条金科玉律："别做其他事，写作吧。"[24]

TROIS HOMMES ET UN MARI
三个男人和一个丈夫

不管在生活中还是在作品里，爱情对玛格丽特·杜拉斯而言都是一桩大事。捕捉到心灵的每一次震颤，她是描摹欲望和激情的作家。她领略过、刻画过、导演过、拍摄过爱情。书名就可见一斑：《爱》《情人》……在杜拉斯笔下，激情总以三角恋的形式展开，欲望在第三者的注视下膨胀。谙熟杜拉斯作品的多米尼克·诺盖指出："她小说中发生的故事和她与丈夫罗伯特·昂泰尔姆还有情人迪奥尼斯·马斯科洛维系了多年的奇怪关系之间有一种类似。"和玛格丽特一起，无论哪一种爱情都包含了爱的全部，摇摆在她在《广岛之恋》中对埃玛纽·丽娃（Emmanuelle Riva）暗示的"露水情"和她最喜欢的作家拉辛式的悲剧之间。

她生命中的四个男人

简单生平

1. 罗伯特·昂泰尔姆，丈夫

出生：1917 年。

和玛格丽特相遇：

1936 年，通过他们共同的朋友让·拉格罗莱。他当时是法学院的学生。

婚礼：1939 年 9 月 23 日。

1942 年，两人的儿子一出生就夭折了。同年，玛格丽特认识了迪奥尼斯·马斯科洛，后者成了她的情人。在德军占领时期，他们三人都是抵抗运动的成员。1944 年 6 月，罗伯特·昂泰尔姆被送去集中营，三年后他出版了一本描写集中营的影响深远的书《人类》，在书中，那些吃拣蔬菜剩下的垃圾的人依然坚守人的意识和良知。

离婚：1947 年。

此后：
他和她保持朋友关系，但 1976 年在她于《女巫》杂志上发表他从达豪集中营回来的经历后决裂。再婚娶了坚强的莫妮卡·雷尼埃（Monique Régnier），他投身文学，和《现代》杂志合作。阿尔及利亚战争期间，他在《121 人宣言》[①]上签了字。1983 年一次脑梗后瘫痪，于 1990 年去世。

2. 迪奥尼斯·马斯科洛，儿子的父亲
出生：1916 年
和玛格丽特相遇：1942 年。他当时是伽利玛出版社的审稿人。
爱情故事：
尽管他是玛格丽特的情人，他和她丈夫罗伯特·昂泰尔姆仍是好友。三人都加入了共产党。他是玛格丽特的儿子让·马斯科洛（Jean Mascolo，出生于 1947 年）的父亲，在《共产主义》（1953）一书中思考知识分子的角色。他是反殖民主义者，于 1955 年成了反对继续北非战争的法国知识分子委员会的中坚力量。
分手：1956 年。
此后：
他们一辈子都很亲密。他的新伴侣索朗日·勒普兰斯（Solange Leprince）是电影《印度之歌》的剪辑师。1958 年，他和让·舒斯特（Jean Schuster）一起创办了一份反戴高乐派的杂志《七月十四日》。1960 年，他和莫里斯·布朗肖（Maurice Blanchot）、让·舒斯特共同起草了《在阿尔及利亚战争中有权不服从命令的宣言》，即《121 人宣言》。他于 1997 年 8 月 20 日去世。

3. 热拉尔·雅尔罗，情人
出生：1923 年。
和玛格丽特相遇：
在一个圣诞夜，他 33 岁，她 41 岁。他是个急性子，很讨女人欢心，记者、作家，已婚，是三个孩子的父亲。

罗伯特·昂泰尔姆

迪奥尼斯·马斯科洛

热拉尔·雅尔罗

扬·勒梅

爱情故事：
他们的激情热烈、粗暴，带着酒精的迷醉。他和玛格丽特·杜拉斯一起为亨利·科尔比的电影《长别离》写了剧本，该片获得戛纳电影节的金棕榈奖（1961），1963年，他的小说《怒吼的猫》(Un chat qui aboie)获美第奇奖，杜拉斯是当年的评委之一。他们的故事为小说《琴声如诉》提供了创作灵感。她让他在《说谎的男人》(L'Homme menti)中当了主角，这本书一直没有定稿。

分手：1964年。

此后：
1966年，他在圣日尔曼德普雷的多瑙河酒店房间里欢爱猝死。

4. 扬·勒梅（Yann Lémée），还活着的人

出生：1952年。

和玛格丽特相遇：
1975年，他叫扬·勒梅，是哲学系的学生。杜拉斯在冈城的卢克斯影院介绍她的电影《印度之歌》。

爱情故事：
当他们于1980年夏在特鲁维尔（Trouville）重逢的时候，他28岁，她66岁。杜拉斯给他重新起了名字：扬·安德烈亚，他和她共度了充满艺术、激情和冲突的16年。他为她的文学和电影作品提供了灵感。1983年，他写了《玛·杜》(MD)，记录了作家戒毒治疗的过程。

分手：1996年（杜拉斯去世的时候）。

此后：
她曾经预言："我死后，你要做的就只剩下写我了。"这也正是他所做的，1999年，他出版了《这份爱》[2]，见证了他们共同的生活，后被荷赛·达扬（Josée Dayan）改编成电影，让娜·莫罗（Jeanne Moreau）饰演杜拉斯一角……他是她文学作品的遗嘱执行人。

---

① 1959年，一份反对阿尔及利亚战争人士的宣言，共121名知识分子签名。——译注
② Cet amour-là，中译本译为《我，奴隶与情人：杜拉斯最后一个情人的自述》（书名又作《情人杜拉斯》），彭伟川译，深圳：海天出版社，2000年。——译注

GUERRE
ET
DOULEURS

战争和痛苦

1941—1945

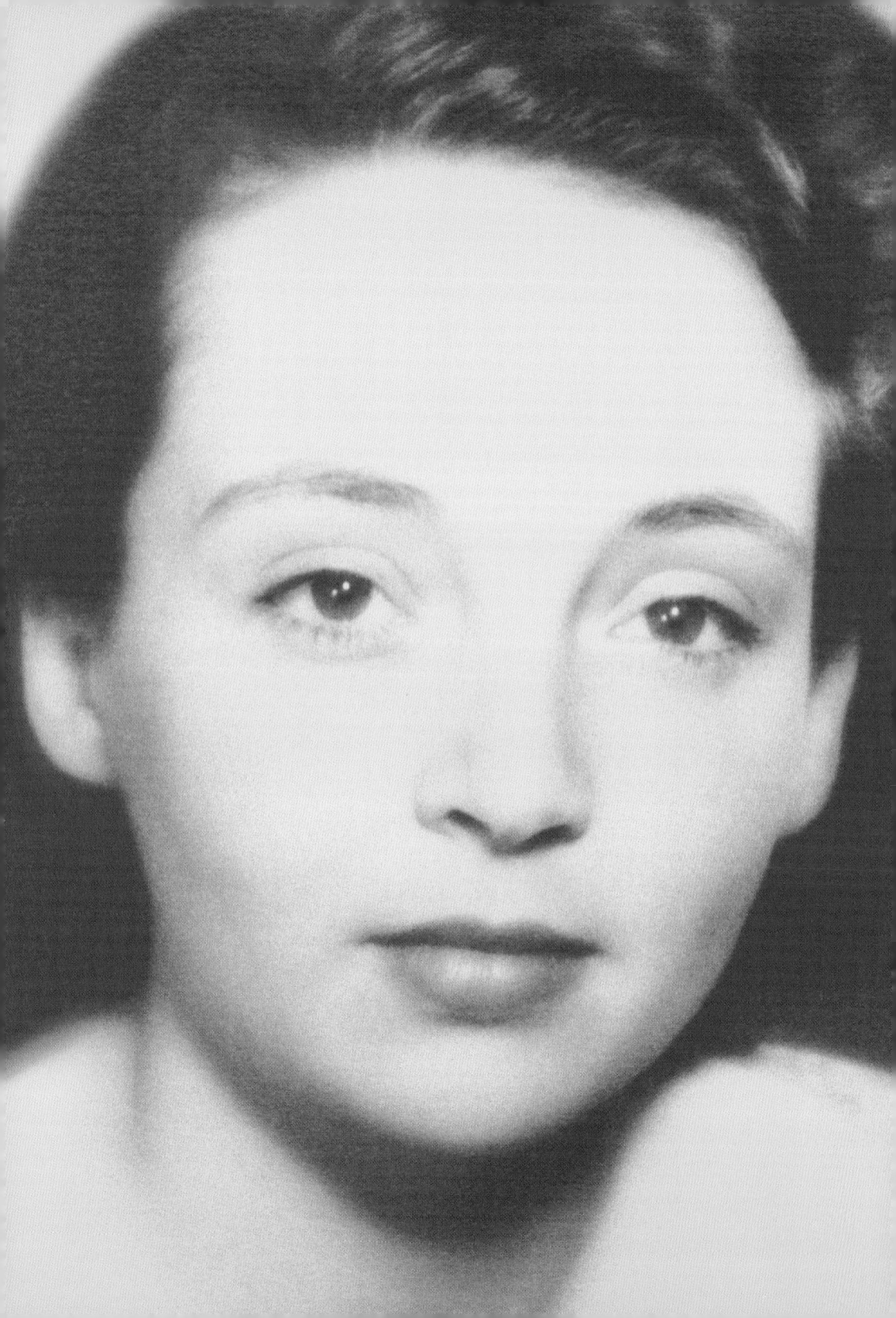

« JE ME SUIS DIT QUE L'ON ÉCRIVAIT TOUJOURS SUR LE CORPS MORT DU MONDE, ET DE MÊME, SUR LE CORPS MORT DE L'AMOUR. »

"我心里想人们总是写世界的尸体，同时也写爱的尸体。"

《80年夏》

玛格丽特怀孕了。她渴望孩子的心情是迫切的。在她看来，女人就是母亲。这是自然不可逾越的法则。没有孩子，就是对世界的一部分一无所知。这和西蒙娜·德·波伏瓦相去甚远，波伏瓦也不属于她的文学圣殿。她说服了罗伯特，虽然后者并不急着要当爸爸。但是玛格丽特怀孕怀得很辛苦。身体的变形和心绪上的纷乱让她得不到安宁。她母亲忙西贡的学校无暇旁顾，也不在她身边。不过就算她在也肯定不会有任何改变，多纳迪厄夫人不是那种可以给怀孕的女儿建议，给不受宠爱的小女儿传授一些过来人的经验的人。玛格丽特的女人味不是拜她所赐。她很焦虑，寸步不离罗伯特，连他上街都要跟着。她是否知道或预感到他的心正离她而去，爱上了别人？玛格丽特的不忠对夫妻关系造成了影响。罗伯特也允许自己有私情，和安娜-玛丽·昂拉的关系持续了整个战争年代。夫妻勉强继续共同生活。巴黎被占领了：很难得到食品，大家在商店门口排队。预产期是1942年春。5月16日，玛格丽特在慈善会圣母医院生下一个小男孩，弗朗索瓦·艾玛纽埃尔，只活了几分钟。世界坍塌了。就像先知说的："大海没有阶梯，就像痛苦没有等级。"玛格丽特的痛苦是彻底的、无限的，如果借用她自己的语汇来形容的话。当希望破灭，如何才能继续活下去？这是一场不可能的葬礼。忧伤中掺杂着负罪感。孕育了生命却无法给予。回忆涌上心头，

◀ 玛格丽特在巴黎七区肖梅尔街房间的阳台上（1936—1937年）。

战争和痛苦

BEURRE · ŒUFS · FROMAGES
79
CRÈME
FOUETTÉE
BEURRE

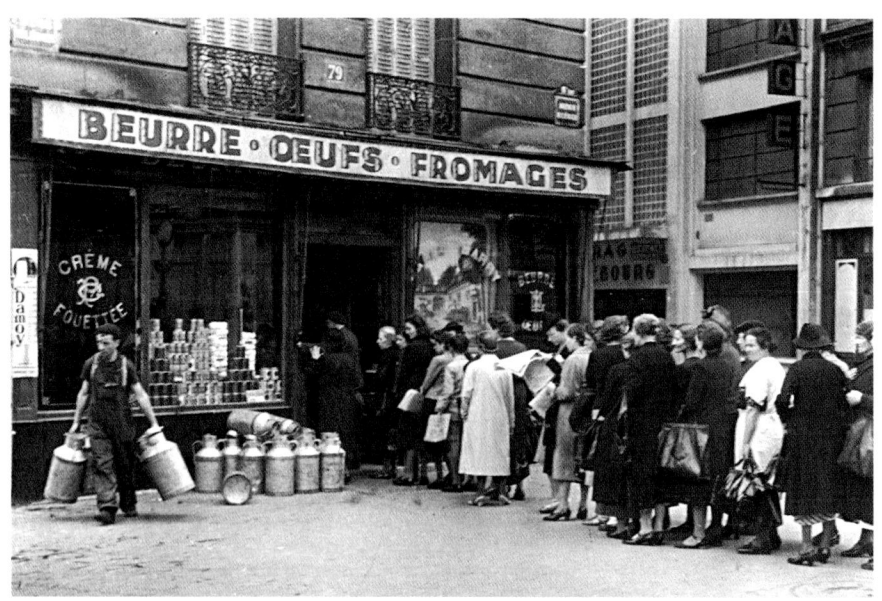

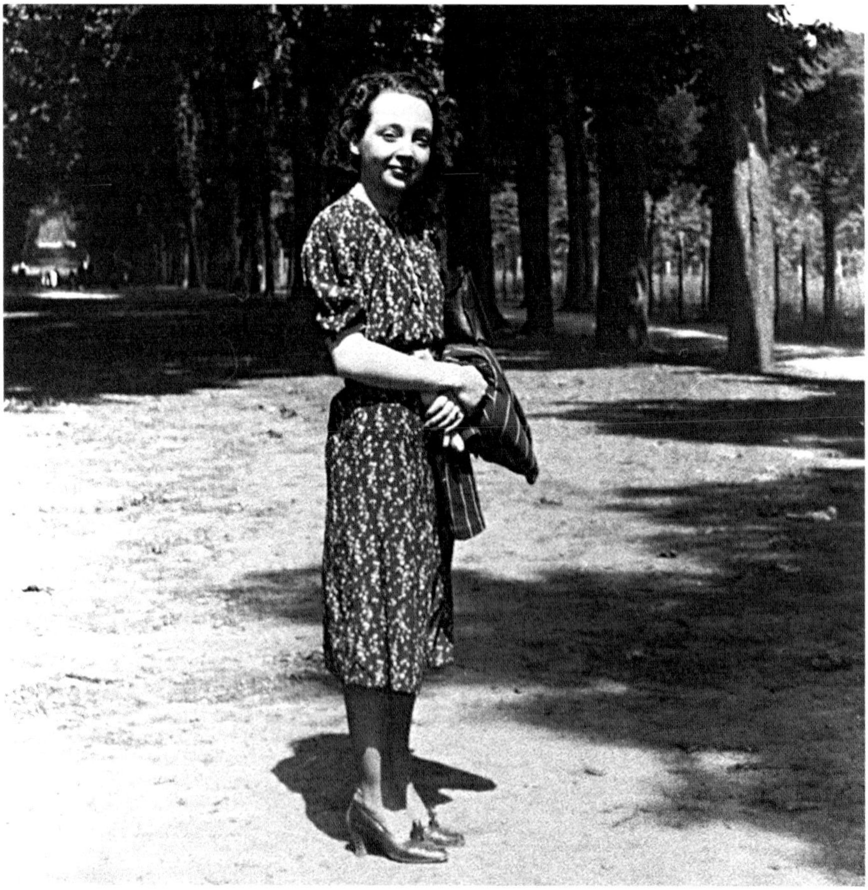

◀ 德国占领期间在一家乳品店门口排长队买食品。
◀ 20 世纪 30 年代中期的玛格丽特，在巴黎卢森堡公园的林荫道上。

令她无法呼吸：童年的不幸，女乞丐的女婴之死。在《劳尔的理由》(«La raison de Lol»)一文中，作家—精神分析师玛丽-玛格德莱娜·勒萨纳（Marie-Madeleine Lessana）解释说："把一个死孩子强加给'我'，或者更确切地说是一个活不成的孩子，是《劳儿之劫》和《副领事》的写作的动因。玛格丽特两次失去了孩子：一次是十一二岁的时候，女乞丐抛弃的女婴，另一次是二十八岁，刚出生就死掉的儿子。"[25] 写作成了杜拉斯抵挡疯狂的堤坝：丢给她一个"垂死的婴儿"的母亲的疯狂，玛格丽特感到自身的疯狂好几次都近似母亲的状态。

在医院，那个凄凉的日子，她只要罗伯特陪在她身边，不见任何人。他有权去看望他们的孩子，而她却不可以。她感觉自己被掏空了，只能胡思乱想。凌晨两点，玛格丽特睡不着，试图说服到她房间查房的嬷嬷：

"去把我的孩子抱过来。你让他跟我待一会儿。"

"你不是真这么想吧？"

"是真想。我想看看他，摸摸他。如果你愿意的话。就十分钟。"

"没这个必要。我不会去的。"

"你怕什么呢？"

"怕你看见会哭，会生病。在这种情况下最好不要看。以我的经验。"[26]

第一次，一连串漫长的失眠的夜晚。1976 年，在《女巫》杂志一篇题为《这份爱的可怕之处》(«L'Horreur de cet amour-là»)的文章中，她回忆了那场悲剧发生的情况，护士嬷嬷不近人情，让她感觉自己是罪魁祸首，或是不给她吃橘子，那是给真正的母亲们的礼物。几年后，她和另一个男人生的儿子让给了她最大的慰藉。

战争和痛苦

UNE ÉPOQUE OPAQUE
暧昧的时代

罗伯特离开了警察局。他于1941年5月进了工业生产部的信息处当了一名专员。部长是皮埃尔·皮舍，很快他就被海军上将达尔朗任命为内务部部长。罗伯特跟着他，陪他坐轮胎火车往返在维希和巴黎。皮埃尔·皮舍后来因为进了维希政府并签署了反犹法令而断送了性命：1944年3月20日他被枪决。罗伯特扮演了什么角色？从附敌到抵抗运动，这条路长吗？或者说他利用这个职位搭救犹太人、暗中帮忙？

至于玛格丽特，她于1942年7月进了出版评委会。从1943年1月到1944年1月，她一直拥有一个华而不实的头衔，"纸张配给监控委员会秘书"。在德国占领时期，出版业受纸张匮乏的制约。借口要管理书籍的仓储问题，委员会履行的是查禁的职能。它让审稿人读手稿，决定哪些书值得出版，为亲德的出版社大开方便之门。有人建议克洛德·鲁瓦去书店俱乐部，又夸奖玛格丽特是多么和蔼可亲，于是有一天，克洛德敲响了玛格丽特办公室的门："我首先看到的只是她那双眼睛，比普通职员被问询时故作镇定的样子要镇定得多。她的眼睛好像是一种无尽的探询，既温柔似镜，又专横挑剔。'纸？你想要纸？你写的是哪类诗？'我吞吞吐吐地回答'……爱

◀ 德国占领时期，马内甘，巴黎皮加勒区的艺术类书籍印刷商，秘密地印刷画家安德烈·富乐隆、爱德华·乔治、爱德华·皮尼翁……的作品。

▶ 作家克洛德·鲁瓦于1949年。在他的自传《我们》一书中，他提到玛格丽特时说她有"山羊般的暴躁和花朵般的纯真"。

战争和痛苦

情诗'。'爱情诗？'多纳迪厄夫人说，'你需要多少纸？我来给你开单子。'本来出书的事已经没戏了。"[27] 结果却柳暗花明。克洛德·鲁瓦后来成了杜拉斯的密友和圣伯努瓦街忠诚的常客。说起这一时期，用作家菲利普·索莱尔斯（Philippe Sollers）的话说就是"附敌的黑洞"，它并没有一个从一极到另一极——从法兰西行动[28]到共产党转变的诗人的温柔。"大家可以惊讶地看到，直到1943年，所谓的'圣伯努瓦街小组'的处境依然非常微妙，因为大家知道杜拉斯在刻意弱化自己在由德国人和宣传部门领导的出版社的纸张配给委员会中所扮演的角色。而且我们还看到出现了一个非常重要的人物，弗朗索瓦·密特朗，大家花了很长时间才知道，他当了左派的法兰西共和国的总统，却仍然和当初冬季赛车场大圈押[29]的始作俑者交从甚密。"[30] 在这次访谈中，索莱尔斯抨击了腐败的法兰西，和杜拉斯秋后算账。他在20世纪70年代和杜拉斯走得很近，但在接下来的十年里她把他当成靶子来攻击。

▲ 力普酒吧，圣日尔曼街151号，1942年，是知识分子聚会的场所。
▶ 从1942年起，玛格丽特·杜拉斯就住在圣日尔曼德普雷区的圣伯努瓦街5号。她常去小圣伯努瓦餐厅吃饭，这家餐厅的桌子铺的是维希格子布，还配有餐巾圈。

战争和痛苦

080

杜拉斯对人的迷恋常常是以冷落告终。索莱尔斯和很多人一样都付出了代价。

1942年对玛格丽特而言是关键的一年。幸与不幸的事件接踵而来。10月，她和丈夫搬到了圣日尔曼-德普雷区圣伯努瓦街5号，离力普酒吧和花神咖啡馆两步之遥。公寓一直租到作家去世，成了巴黎文人聚会的一个据点，也因此闻名。她守着这套公寓和那堆老掉牙的家用电器，书桌摆在她的卧室里。昂泰尔姆一家住在四楼，楼上住的是费尔南德兹一家，拉蒙·费尔南德兹是才华横溢的文学评论家、附敌分子，贝蒂·费尔南德兹是个侨居的人气女王，每周日都在家接待德里厄·拉罗歇尔、儒昂多、布拉西亚克、米肖等知名作家。两对夫妻常常楼上楼下互相串门。一个月后，玛格丽特结识了二十六岁、在伽利玛出版社工作的迪奥尼斯·马斯科洛。和克洛德·鲁瓦一样，他来拜访她也是为了要纸张。

"阳光洒进了我的办公室"，

她说。他比她小两岁，这位自学成才的年轻人出身寒微。因为他当小提琴手的父亲把家败光了，他十五岁就开始工作，接济母亲和姐妹。她被这位在她眼中像神一样帅的男人迷住了，她和他谈论文学，一起去看电影。故事在他身上也重演了，她自作主张挑选他做委员会的审稿人。他们很快成了恋人，他成了陪伴

◀ 杜拉斯和迪奥尼斯·马斯科洛于1942年结识。
他当时是伽利玛出版社的审稿人。

战争和痛苦

她十五年的伴侣，爱子的父亲，她的文学顾问，保护她的兄长和舌战时旗鼓相当的对手。

12月敲响了那一时代的丧钟。不幸再次降临。一封电报告诉玛格丽特她的小哥哥保尔的死讯，他在西贡忽然死于呼吸道疾病。痛苦再次淹没了她，摧毁了她。一切都完了。她悲痛欲绝，难以言表。四十年后，她于1981年6月12日这样写道："我的童年和我兄长一同逝去了。他死了，我的童年也倏地被剥夺了……他去世时，我也想一了百了，因为我的童年堕入了暗夜，而他是它唯一的占有者，他携它一道去了死地。哪种激情都无法替代乱伦的情欲。和其他人是犯不上乱伦的，因为乱伦是一种双重的给予，一重是爱，一重是记忆。"[31]童年的失乐园一直是她书中萦绕不去的主题。三十岁离世的"小哥哥"成了她作品的一条叙事线索。他们曾经玩过哪些犯禁的游戏？又有什么关系！自我虚构已经开始。20世纪80年代读到罗伯特·穆齐尔[32]的《没有个性的人》(*L'Homme sans qualités*)具有决定性的意义，这本小说是20世纪谈论乱伦主题的奠基之作。杜拉斯认为他是比普鲁斯特更优秀的作家，跟着偶像的步伐，她在《阿嘉塔》和《来自中国北方的情人》这两本书中幻想了兄妹之间的不伦之爱。

▶ 玛格丽特和她的大哥——他是母亲的宠儿，被认为是三个孩子中最聪明、最文艺、最敏锐的一个。

战争和痛苦

« EN 1943, C'ÉTAIT UNE TRÈS JEUNE FEMME EXTRÊMEMENT JOLIE, UN PEU EURASIENNE, AVEC UN CHARME DONT ELLE JOUAIT SANS CESSE[...]. OUI, ELLE ÉTAIT COMME CELA, AVEC DÉJÀ CE TEMPÉRAMENT ASSEZ DOMINATEUR QUE NOUS LUI CONNAISSONS, GOUVERNANT SON PETIT MONDE, ET ON L'ACCEPTAIT PARCE QU'ON L'AIMAIT. »

"1943年，她很年轻、很漂亮，有点欧亚混血儿的模样，她很有魅力，也常常施展她的魅力……是的，她就是这样，已经有一点我们在她身上都见识过的爱操控的个性，她统治着她的小世界，我们都愿意接受，因为我们爱她。"

弗朗索瓦·密特朗
(《新观察家》, 1994)

L'ESPÈCE HUMAINE

《人类》

　　《无耻之徒》于1943年4月在布隆出版社出版。杜拉斯的年鉴里清晰地表明是罗伯特·昂泰尔姆把手稿交给女记者多米尼克·阿尔邦，并郑重其事地交代说："如果你不告诉她她是一个作家，她会自杀的。"写作赋予生活一个意义。玛格丽特给处女作换了一个书名，把自己的姓也换成了杜拉斯。新的文学身份，和过去的断裂。她从来没有喜欢过多纳迪厄这个令她感觉不堪重负的父姓。比她还讨厌这个父亲的是皮埃尔，他抓住所有机会要让这个姓氏蒙羞：他的一生都在跑马场和赌场里消磨，他不工作，不会不好意思去圣伯努瓦街妹妹家要钱，甚至翻箱倒柜。她把这本书题献给迪奥尼斯："这本书出自我的亲身经历。或许源自不那么容易的童年的恐惧和不幸。"它发挥了它的作用：让她放下了与外界隔绝的家庭。在1992年以前，她一直都没有把这本书列在她的作品列表里。第二本小说已经开动，把英俊的迪奥尼斯也写了进去。1944年，《平静的生活》在伽利玛出版社出版，和前一本书比较接近。一样的背景，父亲的农庄，还有相似的主题，一个由兄妹之间一种病态关系演绎出来的家族故事。

　　圣伯努瓦街洋溢着不安的氛围。它随着街坊们心的节奏跳动。一场真正的交换舞伴的爱情游戏：罗伯特继续和安娜-玛丽相好，却依然和玛格丽特住在一起，而玛格丽特的情人是迪奥尼斯，迪奥尼斯也没有为了她而撇下另一个情妇。大家一起

▶ 1944年《战斗报》的编辑部，阿尔贝·奥利弗、让·布洛克-米歇尔、让·肖沃、罗杰·格勒尼埃簇拥着阿尔贝·加缪。这份在第二次世界大战期间秘密发行的报纸是同名的抵抗运动组织的机关报。

▶ 一些巴黎印刷厂的厂长和工人为抵抗运动提供技术和物资。照片上是画家昂里科·蓬特莫里、他妻子奥尔加和费里波在一间地下印刷厂。

战争和痛苦

住在公寓里，各有各的房间，在钟点酒店幽会。玛格丽特从不隐瞒：她迷恋肉体之爱。这是一门艺术，严肃和悲剧的成分不相伯仲。在她认识迪奥尼斯六个月后，她决定把他介绍给罗伯特，但没有告诉他两人的亲密关系。会面是在布西科广场。丈夫和情人很投契。建立在相

互尊重和欣赏之上的友谊产生了。安娜-玛丽拍摄的一张照片见证了他们融洽的相处。照片上玛格丽特穿着高跟鞋和铅笔裙，就像一个时尚的标杆，站在她生命中的两个男人中间。

就在这一时期，1943年底至1944年初，一直处在观望中的小组才投身到抵抗运动中去。几个月来发生的一系列事件促使他们做了这个决定：德军在斯大林格勒失利，义务劳动制度的出台，北非解放，盟军在西西里登陆，科西嘉解放……杜拉斯后来坦承，他们之所以会投身抵抗运动并不是想当英雄，而只是闲着想做点事罢了。作为联络员，玛格丽特在"全国战俘及被放逐者运动"（MNPGD）的报社工作。她传送资料，在家里藏匿抵抗分子。机缘巧合，他们这支抵抗运动队伍的领导人是弗朗索瓦·密特朗，化名莫尔朗，恰好是他们法律学院的老同学。罗伯特·昂泰尔姆，化名勒鲁瓦，也投身到抵抗运动中，利用他在皮埃尔·皮舍内阁的职务之便，把搜捕者的名单偷出来。小组集会就在杜班街5号他父母家的公寓里召开。他们当中有爱德加·莫兰、乔治·博尚、迪奥尼斯·马斯科洛、雅克·贝内、让·穆尼埃、弗朗索瓦·密特朗……直到1944年6月1日，罗伯特·昂泰尔姆和他的妹

◀▼战俘回到巴黎。1944年,丈夫被送去集中营的玛格丽特写了《战争笔记》(*Cahiers de la guerre*,2006年发表的遗作),由四本写于1943年至1949年的笔记组成。

战争和痛苦

妹玛丽-露易丝被捕：他们落入了盖世太保和辅助警察的陷阱，被关在了弗莱斯恩。

绝望激发了玛格丽特的毅力，她四处打听他们的消息。在索塞街盖世太保的大楼走廊上，她遇见了夏尔·戴尔瓦（Charles Delval），一个为德国人服务的法国人，正是此人打入了他们的组织。她冲这位秘密警察抛媚眼，后者对她的魅力并非无动于衷。他们一起吃了午饭。她想从他口中套消息，而他想跟她谈论文学。各怀鬼胎，这一诱惑的游戏持续了几个星期。玛格丽特希望托他带包裹给丈夫和小姑子，或许还能保他们出来，为什么不呢？但事与愿违，他们被送去了德国的集中营。整整一年时间，年轻的玛格丽特又体会到了痛苦。这一次，是随时等待死讯传来的痛苦。她吃不下饭，睡不着觉。一直陪伴在她身边的迪奥尼斯的安慰也无济于事。她又成了罗伯特的妻子。她沉浸在悲恸之中。解放后，她在夏尔·戴尔瓦一案中作证，后者被判死刑。而更复杂的是，迪奥尼斯和被告的妻子波莱特·戴尔瓦也有私情，甚至在她丈夫坐在被告席上的时候两人依旧卿卿我我。这场私情还有了一个孩子，这件事大家一直都小心翼翼地瞒着玛格丽特。离奇而错综复杂的爱情。

玛丽-露易丝没有从集中营生还：她刚被解救出来就因极度虚弱在拉文思布卢克去世。罗伯特逃出生天，1945年4月，是密特朗在达豪的一间棚屋里找到了他，瘦得只有37公斤。两年后，这位集中营的幸存者在《人类》一书中回顾了那段经历，揭露了纳粹反人性的种种举措，之后他再没提起。过了很久以后，玛格丽特在诺夫勒城堡（Neauphle-le-Château）的蓝色壁橱里找到了写于1943年至1949年间的《战争笔记》。她把它们从沉寂中挖掘出来，于1985年出版了《痛苦》。

EDGAR MORIN
LE COMPAGNON DE SAINT-GERMAIN-DES-PRÉS

爱德加·莫兰
圣日尔曼德普雷的同伴

社会学家和哲学家。爱德加·莫兰在他的新书《我的巴黎，我的回忆》（*Mon Paris, ma mémoire*）中回到了他们在圣日尔曼德普雷的青春年华。

"我是在巴黎起义的时候认识玛格丽特的，她当时用勒鲁瓦夫人这个假名。迪奥尼斯和她占领黎塞留街的《小日报》总部，维奥莱特——我的伴侣和我负责占领克里希广场的'犯人之家'。1944年8月26日，我们一起庆祝解放，挤在同一辆汽车里，挥舞着三色旗，在戴高乐将军的车队后面游行。我随后参加了第一支进驻德国的军队，每次回首都度假都会遇见他们。我看望了从达豪回来形容枯槁的罗伯特·昂泰尔姆——玛格丽特的丈夫——他在慢慢恢复。1946年春，我和维奥莱特决定离开被占领的德国，玛格丽特在圣伯努瓦街的家里殷勤地接待了我们。

"玛格丽特是蜂后和家里的仙女。她做饭，在她的小煎锅上焙炒咖啡，煮越南风味的米饭。与此同时，她还写作。她让人印象深刻。她的脸非常标致。她很迷人，很讨梅洛-庞蒂和克洛德·鲁瓦的欢心。而且，她原本希望我也是她爱情图谱上的一个猎物。我受到了诱惑，但维奥莱特的在场打消了这个可能。圣伯努瓦街就是一个大家庭。大家路过，坐下来，受到款待。政治上很开明：还没有大的政见分歧。罗伯特康复后一直在家。迪奥尼斯下午去他在伽利玛出版社的办公室。玛格丽特写小说。大家下午5点左右在希望咖啡馆碰头。欢乐的聚会庆祝不断，晚餐一顿接着一顿，充满论战和友谊。随后是歌唱时间。玛格丽特喜欢唱歌，固定曲目有《我的爱情》《小石子》《出租马车》《拉莫娜》，我唱革命歌曲。之后我们跳舞。在圣日尔曼德普雷，有萨特小组和玛格丽特小组之分——尽管两组人的观点几乎一样。这让西蒙娜·德·波伏瓦和玛格丽特之间有了竞争。两人都认为自己才是最伟大的作家……杜拉斯做到了。一开始，她的风格，我不想说它是传统的，但也中规中矩。《平静的生活》我很喜欢。我甚至在《行动报》写过一篇书评。在《塔尔奎尼亚的小马》一书中，她模仿维托里尼[①]的风格，后者受海明威的影响。她是在之后，写《琴声如诉》和令我惊喜的《劳儿之劫》的时候找到了自己的风格。她企及了一种内心深处的写作，感人肺腑，散文亦如诗。这一时期，我给小组成员灌输共产主义思想，首先从迪奥尼斯开始。我为他们描绘了一幅共产主义

美妙的图景,谈论它灿烂辉煌的未来。玛格丽特入了党,随后是迪奥尼斯和罗伯特……我在《自我批评》一书中都说过了。在他们脱党以后,玛格丽特留在迪奥尼斯的阵营里,也就是说,依然信奉某种共产主义思想。她一直都自称共产主义者,但和党保持很大的距离。

"俱往矣。有过沉默、决裂的时期。玛格丽特不喜欢'她的男人们'的女人,除非她们非常不幸。比如说,当莫妮卡·雷尼埃成了莫妮卡·昂泰尔姆后,她就更不喜欢她了。我们和好过几次,每一次我们都和索朗日、迪奥尼斯、莫妮卡、罗伯特……重新组成一个美妙的集体。我记得20世纪80年代,我曾经邀请她参加法国文化电台的一档节目,主题是'我的朋友们现在都变成什么样了?'因为她始终没有回复,迪奥尼斯极不耐烦地打电话给她:'你为什么没来爱德加家?'玛格丽特说:'他上电视的时候从来不邀请我同去。而且我们也从来没有一起睡过觉。'迪奥尼斯用一句形容友谊的绝妙的话结束了对话:'玛格丽特,我们都和爱德加一起睡过觉。'

"回头想想,我对自己说,我们原本可以有一段故事。那肯定会是一段很戏剧化的故事,因为她是一个爱憎都很强烈的人。我或许会冒风险……不过故事没有发生。

"尽管我们的关系不再密切,玛格丽特去世的时候,我还是去了圣日尔曼德普雷教堂,站在莫妮卡·昂泰尔姆和乌塔(Outa)身边……我感到自己还是大家庭中的一员。如今,当我去蒙帕纳斯给我的妻子艾德薇姬扫墓的时候,我也会拐过去看望玛格丽特。我看到她的墓被她的仰慕者们维护得很好。崇拜在继续。"

① 维托里尼(Elio Vittorini,1908—1966):意大利作家,著有《西西里谈话》《红色康乃馨》等。——译注

LE GROUPE
DE LA RUE SAINT-BENOÎT

圣伯努瓦街小组

1945—1956

« LA PLUS FORTE HISTOIRE DE TOUTES CELLES QUI PEUVENT VOUS ARRIVER C'EST D'ÉCRIRE. JE N'EN AI JAMAIS CONNU D'AUSSI VIOLENTES — SAUF, SI, MON ENFANT. »

"你能遇到的最严重的事就是写作,我从没遇到过比它更猛烈的事了,要说有,那便是生孩子。"

《外面的世界》

▶ 玛格丽特，圣伯努瓦街蜂巢的蜂后。她做饭，邀请伽利玛出版社和其他出版社的作家来午餐。

玛格丽特担当起护士的角色。自从1945年5月13日罗伯特回巴黎后，她就不辞辛劳地看护他。她照顾他，守在他身边，一副忘我投入的样子，直到他康复。幽灵退场，罗伯特重生了，却备受负罪感和精神上的痛苦的摧残。他们的生活完全变了。之前和之后的生活截然不同。天主教徒罗伯特失去了信仰："每次别人跟我提起天主教的仁慈，我都回答他达豪。"[33] 迪奥尼斯称自己是灵魂被送去了集中营。玛格丽特陪丈夫去安纳西湖边的圣约里奥兹一家疗养院。湖光山色对他没有任何帮助。她非常苦恼。她对罗伯特的爱是纯洁的，像海洋一样宽广，但她迷恋迪奥尼斯，想跟他要一个孩子。要怎么开口承认她的新爱？她偷偷把想告诉他的话写下来：

"我们会有孩子吗？我没有孩子……没有我的孩子。"

圣伯努瓦街小组

099

玛格丽特不会耍两面派。罗伯特和她住一个房间,但分床而睡。这一处境让她焦虑,但她也没罔顾自己的事业。得知自己的小说售罄,她就要求出版社加印一版,更何况这个冬天,媒体对她的评价很高。米歇尔和加斯东·伽利玛表示纸张匮乏,让她知道阿拉贡和艾吕雅都在耐心等待。向来急于求成,对自己的利益锱铢必较的玛格丽特回答:"阿拉贡和艾吕雅可以等。首先,他们有钱。其次,不出书,人们也不会忘记他们。而我,我需要钱,不出书,人们就要忘记我了。"杜拉斯和她的几位出版商之间的书信数不胜数:她丝毫不松懈地关注自己每本书的印数、在书店摆放的位置,要求出版社付钱付版税。

但是战争还没有结束。1945 年 8 月 6 日,历史上第一枚原子弹爆炸。广岛被炸平了,二十五万人罹难。与核爆炸相比,他们的情爱纠葛显得微不足道。大家互吐衷肠。玛格丽特向丈夫坦白说她想离婚,想和迪奥尼斯生个孩子。罗伯特写了一首诗表示谅解:"他是我的朋友 / 他把一切都告诉了我 / 他几乎都没有脸红 / 两只手有些不知所措。"

◀ 对玛格丽特而言,爱情是她人生的大事。
▲ 1945 年 8 月 9 日,美国的第二枚原子弹在日本长崎爆炸,震惊全世界。

圣伯努瓦街小组

« IL FAUT BEAUCOUP LES AIMER LES HOMMES. BEAUCOUP, BEAUCOUP. BEAUCOUP LES AIMER POUR LES AIMER. SANS CELA, CE N'EST PAS POSSIBLE, ON NE PEUT PAS LES SUPPORTER. »

"应该多多去爱男人。多多益善。对于他们,要为爱而爱。舍此没有其他可能,人们实在是无法容忍他们的。"

《物质生活》

LA BANDE DE DURAS

杜拉斯的小伙伴们

　　和战后很多知识分子一样，玛格丽特加入了法国共产党。她的第一个党员证是1945年办的，那一年共产党在司法选举中获胜，成为法国第一大党。这一不同寻常的举动并没有赢得其他人的认可。玛格丽特是彻头彻尾的共产党人，因为法国共产党是"遭枪杀的人的政党"，是为反抗全世界的压迫而斗争、宣告新人类诞生的政党。罗伯特和迪奥尼斯显得有些犹疑不决，玛格丽特却想当一个虔诚、专注、听党话的积极分子，无时无刻不想着要建设一个新世界，她重读哲学著作和诗歌。她每周日早上都裹着羊皮黑上衣，在布希街的菜场或教堂门口卖《人道报》，认真地在一个小本本上记录每次的销量；参加维斯孔蒂波扎尔的党支部会议，之后是圣日尔曼德普雷的党支部会议。当奥迪贝蒂在花神咖啡馆门口碰到她时，他会问她小团伙的消息。罗伯特和迪奥尼斯步她后尘，于1946年3月入党。在他们看来，共产主义是唯一可能的生活圈子。他们企图用介入来对集中营带给人们的震撼做出一个

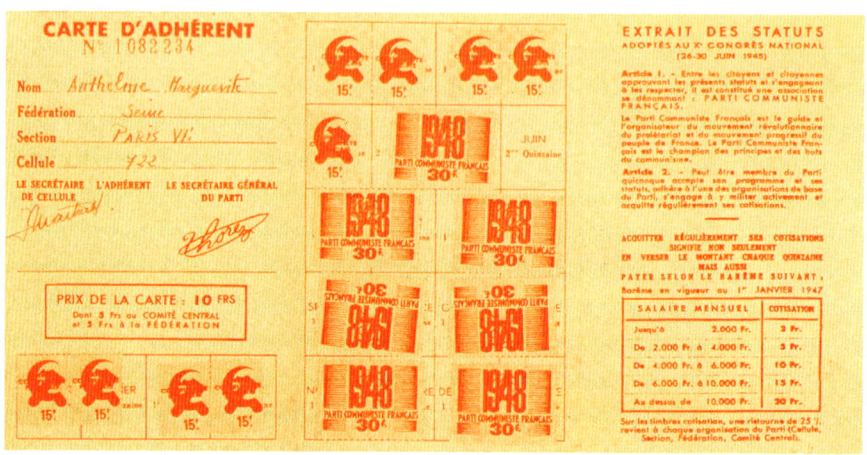

圣伯努瓦街小组

▲ 玛格丽特·昂泰尔姆的共产党员证（1948年）。尽管杜拉斯很快就脱党了，但直到她生命的最后，都自称是共产主义者。
▶ 法国共产党的机关报《人道报》专号的头版复印件（1942年1月）。

回应。圣伯努瓦街成了一个党支部，"就像知识分子时期俄罗斯小说中所描述的那些党员之家一样，每时每刻都有三种思想、五个朋友、二十份报纸、三声愤慨、两句玩笑、十本书和一个煮水的茶炊进进出出。我们喝的不是茶，而是咖啡"[34]，克洛德·鲁瓦回忆道。谁在圣伯努瓦街5号的这座号称像手一样张开的房子里进进出出？第一个是领头羊爱德加·莫兰，紧随其后的是吉尔·马蒂内、让-图森和多米尼克·德桑蒂、雅克-弗兰西斯·罗兰、安德烈·于尔曼、若尔热·桑普兰、罗莱·贝隆、莫里斯·梅洛-庞蒂、克拉拉·马尔罗、让·杜维尼奥、弗朗西斯·蓬热、让-米歇尔·阿特朗……所有这一群知识分子都被房子的女主人迷住了，这个小巧玲珑的女子为长得比她高大许多的来客打开家门，她绿色的眼睛仿佛可以催眠。玛格丽特是这个"闹哄哄的、既严谨又异想天开、既激昂又不安于现状的蜂巢"[35]的蜂后。她生命中有两个男人，就像她有过两个哥哥一样。一次次葬礼对她打击很大，她希望留住一切，什么也不要失去。丈夫成了她最好的朋友，而情人成了一家人的朋友。到了晚上，迪奥尼斯如果不睡在客厅的沙发上，就回曼恩街的母亲家过夜。罗伯特在圣伯努瓦街多住了一段时间，直到让·马斯科洛出生后满一年，这个日期正好和他们1947年离婚相吻合。大家都抵挡不住词语魔术师玛格丽特的魅惑。她有她的美，就像雅克·普雷维尔的诗中所说："我就是这样子。"她和谁都不一样，小胸少女的

圣伯努瓦街小组

105

玛格丽特·杜拉斯于1944年入党。1950年脱党。

圣伯努瓦街小组

▲ "女文人",玛格丽特·杜拉斯的护照上是这样写的。作家1955年在书桌前创作。

圣伯努瓦街小组

> "二战"一结束,共产党是一股不可忽视的政治力量,积极地为重组国家而努力。共产党进入不同的政府参政,在选举中也取得了巨大的成功。

身材和东方圣母的脸,发出爱情的邀约,这是多么迷人美妙的搭配。此外她还非常活跃:她跳布基伍基[36]舞,唱歌,弹钢琴,热烈地讨论,讲笑话,放声大笑。而且,她还才华横溢。她在两个文学顾问的督促下写作,罗伯特是鼓励和祝福,迪奥尼斯则是尖锐的批评,不忘提醒她:"你又读海明威了。"她把家里搞得像一个旧货摊,摆着从旧货店淘来的家具、几盏光线柔和的小辅助灯,还有和整体风格搭调的一堆靠垫和干花。做饭,是她对朋友们表达爱的方式,翻手之间,她就做出一碟越南炒蛋、一锅赫赫有名的洋葱汤,或用她母亲从西贡给她寄的米煮的米饭。克洛德·鲁瓦为她画了一幅最惟妙惟肖的画像:

"她个性莽撞,激情澎湃常常惊世骇俗,有无穷的迷恋、胃口、热情和惊喜,

她有山羊的坚忍、花朵的天真、猫的柔媚……就像是一位葡萄牙修女和埃迪特·琵雅芙(Édith Piaf)的合体,不可模仿,既是可笑的女才子,又是拿着小砍刀、拎着小篮子去田间干活的淳朴农家女。"所有法国作家或路过巴黎的作家,像格诺、巴塔耶、莱利斯、卡尔维诺、维托里尼……都相继在圣伯努瓦街蹭过饭,在这个文学沙龙里谈论一切,除了文学。有些人还在这里安营扎寨,像爱德加·莫兰和他妻子维奥莱特在 1946 年至 1947 年间就在这里住了好几个月。玛戈皇后自有她的一帮"朝臣"。

圣伯努瓦街小组

LA PIETÀ DE SAINT-GERMAIN
圣日尔曼的母与子

让·马斯科洛出生于1947年6月30日。很快，大家就只叫他乌塔，这个绰号是从恙螨的幼虫（音：阿乌塔）来的，每年8月，这些小寄生虫就会祸害整片整片的草地。故事是这样的：弗朗索瓦·密特朗把涅夫勒省的房子借给玛格丽特住，结果宝宝就在那年夏天被恙螨叮了。对玛格丽特而言，做母亲是一个启示，还是无尽的牵挂，这份感情已经到了极致。她不停地亲吻他，在睡梦中倾听他的呼吸。没有比母爱更强烈、更无条件、更包容的爱，她这么说，说了一遍又一遍。她知道孩子的珍贵，她已经失去过一个。因此，她特别害怕失去他，把他看得比一切都重要。不能错过片刻和孩子待在一起的时光。在《外面的世界》里，她写下这样的文字："为了让他再笑一笑，我又把长颈鹿给了他，我把头埋在风帽里……为了捕捉他全部的笑声。我孩子的笑声。我把耳朵凑近这个'贝壳'，为了聆听大海的声音。想到笑声会在风中消散我就受不了。我收到了。是我，我收到了他的笑声。"此外，除了她的宝贝儿子，所有孩子都是玛格丽特的孩子。她喜欢他们，当他们是王子、天真乖巧的天使。他们在她的书和电影中随处可见。《80年夏》中那位女辅导员钟爱的有着灰色眼睛的孩子，还有《孩子们》中不愿去上学，因为学校教的都是他不懂的东西的埃

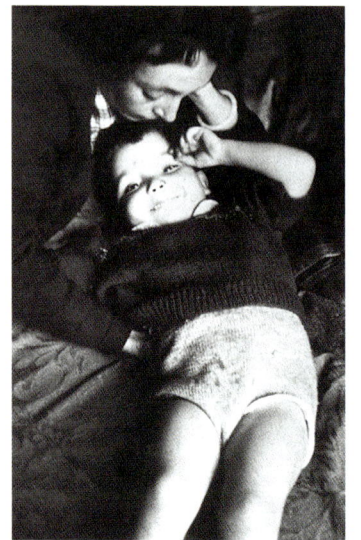

▶ 玛格丽特和儿子让·马斯科洛。
"有时，他打哈欠，我就吸他嘴里呼出来的气，呼吸他打哈欠的气息。"

圣伯努瓦街小组

▽ 玛格丽特和儿子"乌塔"在圣伯努瓦街的寓所里（1948年）。
她非常爱他，把他看得比一切都重要，不停地亲吻他。

圣伯努瓦街小组

▼《人道报》的卖报人，和在圣日尔曼德普雷教堂门口派发报纸的玛格丽特一样。

圣伯努瓦街小组

尔奈斯托。玛格丽特唯一停止写作的时期就是生孩子的那段时间。不过写作很快就收复了失地。她放弃了《泰奥多拉》(*Théodora*)的写作，小说没有完稿，这在杜拉斯身上是极罕见的，不过她在一本杂志上发表了《巨蟒》，一篇取材于在西贡动物园的见闻而创作的短篇小说。和迪奥尼斯、罗伯特一起——后者邂逅了莫妮卡·雷尼埃，并于1953年和她结婚——她创办了世界城出版社，出版了《人类》。出版商莫里斯·纳多认为罗伯特·昂泰尔姆在集中营的见证和普里莫·莱维[37]的《如果这是一个人》一样举足轻重。同样，出版社也发表了爱德加·莫兰的《德意志零年》和由迪奥尼斯·马斯科洛加注的圣茹斯特[38]的作品选集。圣日尔曼德普雷的边界是由巴尔巴克酒吧、塔布酒吧、老鸽舍剧院和塞纳河划分的。这个区接纳了好几帮文艺小团伙。有普雷维尔和超现实主义者组成的极端自由主义的团伙，有被报纸称作存在主义的萨特的大家族。所有团伙在某一时刻都加入过共产党，有些是在20世纪40年代，有些是在接下来的几十年间。远离那个簇拥阿拉贡和艾尔莎·特里奥莱的共产主义作家的正式圈子，圣伯努瓦街小组成员会整晚聚会喝酒谈论政治。越来越常听到意大利共产党人、小说家、《理工》杂志的主编艾里奥·维托里尼不同的声音。在玛格丽特眼中，他拥有所有优点：有胡子的阳刚之美，聪明绝顶，爱读福克纳和海明威。她和艾里奥、吉内塔这对夫妻的友谊持续了二十年之久。由罗伯特、莫妮卡、迪奥尼斯和玛格丽特组成的四人组连续几个夏天在他们的陪同下去亚得里亚海的海滨浴场博卡迪马格拉度假。1953年，她的小说《塔尔奎尼亚的小马》完美地重现了这种有点无聊的氛围，酷暑就像缠在度假者脖子上的一条令人窒息的围巾，大家小口呷着金巴利利口酒来打发无聊的日子……她儿子五岁，第一次陪他们来这里，从此踏进了文学的世界，他在书中被含蓄地用"孩子"来指称。对玛格

丽特和她的朋友们来说，做共产主义者意味着站在生的这一边。作家处在她的"无产阶级阶段"，大书无产阶级专政的未来。但话说回来，尽管她留在党内，她与党的正统思想和说教却渐行渐远。可是，有没有可能做一个辛辣的、批判的共产党人？她的独立精神受到了批评。甚至在圣日尔曼德普雷,也有一些斯大林式的指控。方式方法都是一样的：谎言和告发。除了其他种种错误，玛格丽特还被指控生活不检点。她和迪奥尼斯在1950年都没有去领回他们的党员证。3月8日，他们被开除出党。玛格丽特·杜拉斯的脱党信以坚定的共产主义信念收尾：

> "我从心灵深处，
>
> 从骨子里都是共产主义者。
>
> 我六年前人的党，
>
> 我知道除了当一名共产主义者，
>
> 我永远不可能当别的。"

◂ 玛格丽特性感的脸。她坐在圣伯努瓦街的露天咖啡座上（1955年）。

圣伯努瓦街小组

LE LIVRE DE MA MÈRE

母亲之书

　　1949 年 12 月，玛格丽特把《抵挡太平洋的堤坝》的手稿交给伽利玛出版社。雷蒙·格诺称她为"同时代最好的女作家之一"。好了，她终于可以跟母亲交手了，是这位母亲赋予了她一切，甚至包括储备东西的喜好和洁癖，她爱母亲胜过一切，尽管母亲没有一丝温情。她要讲述这位沙沥的女疯子，她在稻田里游荡，是殖民主义的殉道者。写的是个人的故事，触动的却是所有人。她母亲，本书的中心人物，成了一个神话人物。在一次访谈中，女作家说："因为她，我脑子里才有了搞文学的念头。"小说的背景是印度支那、象山山脉的农民、死于霍乱的孩子，对镌刻在她记忆中的那片土地的深情呼唤。她说出了心中的秘密，却保留了一些些的神秘。总体说来，评论界反响不错。人们称赞她行文的气息、抒情和对殖民地悲惨生活的控诉。回顾印度支那旧时光和暹罗湾租让地经历的《抵挡太平洋的堤坝》入围龚古尔奖的终选名单。但这本书没有得奖，龚古尔奖颁给了保尔·科兰的《野蛮的游戏》（*Les Jeux sauvages*）。玛格丽特很长时间都对这个"男人的文学奖"心存怨怼，用她的话说，这个奖不愿意颁给一个共产主义作家。

　　这时候，《堤坝》的女主人公本人从西贡坐船回国。办学堂挣了钱的玛丽·多纳迪厄决定为长子皮埃尔在昂布瓦斯附近买一处庄园，她从来就没有停止过供他养他。带着第一次成功的光环，玛格丽特把书递给她。听到的却是当头棒喝："你本该等我死了。"圣伯努瓦街，生活并不太平。马斯科洛—杜拉斯这一对情侣关系紧张，从"我爱你，我也不"的曲调转变为《危险关系》的剧情。玛格丽特想离开迪奥尼斯，却做不到，部分原因是两人的孩子。两人都有外遇。1951 年 12 月 31 日那晚，年轻女子做得太出格了。她明显表现出对作家雅克-洛朗·博斯特（Jacques-Laurent Bost）的迷恋，对周围的一切都提不起兴趣，博斯特是萨特的好友，波伏

圣伯努瓦街小组

▼ 伊莎贝尔·于佩尔在潘礼德最近改编的电影《抵挡太平洋的堤坝》(2008)里。

圣伯努瓦街小组

▼ 西尔瓦娜·芒加诺在 1958 年导演勒内·克莱芒（René Clément）改编的电影《抵挡太平洋的堤坝》里。

圣伯努瓦街小组

瓦的旧情人。"家人"都要求她跟博斯特分手，安排她和迪奥尼斯去威尼斯度假，以便和好如初。但这只是表面文章。玛格丽特继续和儿子的父亲一起生活，却因为和情人分手而郁郁寡欢。

就像人们砍掉了她的一只胳膊，她抱怨道。我们在次年出版的《直布罗陀水手》中找到当时那些情感风暴的痕迹。受海明威的影响，这本书将一位富有的年轻女子安娜搬上了文学舞台，她乘坐游船满世界找她失去的情人，从一个港口到另一个港口，用喝威士忌来麻醉没有他的落寞。玛格丽特有爱做梦的纯情少女的一面，她的小说也有两重性，在先锋派和车站小说之间摇摆。不管发生什么，她一直都在出书，发出她独特的声音，很快大家都把这种声音称作她的小音乐。1953年，《塔尔奎尼亚的小马》，也完全可以取名《气候》，把外在的气温和情侣间爱的温度联系在了一起。1954年，贝克特风格的对话体叙事让我们听到了一些普通人的声音，一个是包揽家务的女佣，另一个是流动小贩。杜拉斯也没有忘记战斗，为左派而战斗。她在斯德哥尔摩反对核武器的宣言上签名，并参加了反对朝鲜战争的游行示威。如果说第一次印度支那战争以1954年签订《日内瓦协议》并宣布越南独立而告终，阿尔及利亚则在解放民族战线的领导下在同一年接过接力棒，掀起了一场武装斗争。玛格丽特参加了在圣日尔曼一个会堂召开的反对北非战争的知识分子行动委员会的第一次会议，委员会宣誓在斗争结束前团结一致，绝不分裂。1955年，由迪奥尼斯·马斯科洛、罗伯特·昂泰尔姆和作家路易-勒内·德福雷组建的委员会接受了罗杰·马丁杜加尔、弗朗索瓦·莫里亚克、乔治·巴塔耶、米歇尔·莱利斯、安德烈·布勒东等人的加入。

圣伯努瓦街小组

与此同时，玛丽·多纳迪厄，杜拉斯作品中像船舶一样的标志性人物，在忠诚的管家阿杜的陪同下彻底从印度支那回国了。她在上卢瓦尔肖蒙附近的翁赞，离儿子很近的地方买了一座大宅子，在《情人》中被讽刺地戏称为"路易十四的假城堡"。她没有放弃发财致富、飞黄腾达的梦想：她根本闲不住，在那里养了羊，在古堡底层的大客厅里安装了几部电热孵化器。1956 年 8 月 13 日，"我所爱的坏母亲"在她泰尔特的城堡里去世了，享年七十九岁。她躺在纳泽尔·内格隆的墓地里，1978 年去世的长子葬在她身边陪她。传记作家让·瓦里尔找到他们紧挨在一起的墓穴。他们终于永远在一起了。事实证明，玛格丽特·杜拉斯说的是真话，虽然她用自己的方式去演绎故事：

"她曾经要求把他和她葬在一起。我不知道那是在什么地方，在哪一个墓地，我只知道是在卢瓦尔省。他们两人早已长眠墓中。他们两个，只有他们两个人。不错，是这样。这一形象有着一种令人难以承受的庄严悲壮。"[39]

▶ 玛德莱娜·雷诺（Madeleine Renaud）和让·德塞利在奥德翁剧场的舞台上演出玛格丽特·杜拉斯的《成天上树的日子》，让-路易·巴罗（Jean-Louis Barrault）导演（1965 年 12 月）。玛德莱娜·雷诺之后多次扮演玛丽·多纳迪厄。

圣伯努瓦街小组

LA CUISINE DE MARGUERITE

玛格丽特的厨艺

"无论在什么情况下,都不能只为自己一个人做饭,因为在我看来,这条路通往彻底沉沦的绝望……"

　　玛格丽特喜欢做饭。她常把做饭和写作拿来比较:"都处在同样的创意中……都是作者。"她从厨房到书房,从书房到厨房,安排好剩下的事情。她的饭菜简单可口,经济实惠,大家都喜欢,吃得宾主尽欢。"我不是感情太外露的人,不过大家在这一点上不会误会,因为我给他们做吃的。"在诺弗勒她那个铺了黑白地砖的厨房里,阳光透过天竺葵的叶子从窗户里洒进来,她下午开始做饭。朋友们都去工作或到荷兰水塘边散步。"他们走后出现的那种静寂,我永远不会忘记。进入这种静寂,如同潜入海水之下。既是一种幸福,又是置身于设想未来那种十分清澈明净的境界,这也是一种思想方式,也许可以说无思想的方式——相去不远——也许这就进入写作的境界了。"[1] 她为他们准备比如说著名的韭葱汤,汤只能煮二十分钟,而不是两小时,家庭主妇和饭店煮不好是因为他们把汤忘在火上煮太久。"法国菜里没有任何菜像韭葱汤一样简单、必不可少。"或是一道蔬菜炖肉,香味在门窗关闭的房间里弥漫,因为这是一道冬令菜肴。夏天,她就准备凉汤,比西班牙的加斯帕朔汤[2]还棒,或维希凉汤[3],上汤的时候要撒一点葱花来点睛。玛格丽特在一个被她称为"卡车笔记本"的红色本子上写菜谱。还有交趾支那的国菜焦糖猪肉,她就是吃这道菜长大的,或是留尼汪风味的咖喱,是永隆的钢琴教师教她母亲的。她根据菜肴的产地或教她那道菜的朋友的名字给这些菜都取了名字。还附带了杜拉斯式的点评:"牛排。总做不好,就像悲剧。但不好的程度不一。不过就像悲剧一样,总是可以一试。"或者:"有时候什么都不想做,之后就做了这个,是的,这道汤:在两个意愿之间,有一个非常狭窄的空间,总是同一个念头:自杀。"[4] 在她乡下的房子里,有一张家中必备的物品单。食物在玛格丽特的生活中占据了一个非常重要的位置。"人们总是说,如果没

有盐，那就完了……如果没有柠檬，那就完了……如果没有茶，如果没有格雷伯爵茶，那就完了……必要的时候，可以没有面包，但比如说如果没有苹果，那就真的完了……如果没有印度支那的调味汁，我就要走人，离开这所房子。"这是她从母亲那里继承来的根深蒂固的悲观主义，母亲一辈子都在为第三次世界大战爆发储备果酱、砂糖和面条。"就是现在，我都一定要知道壁橱里是不是有吃的，是否生活所需一应俱全，可以让我们在任何时候都维持下去，活下去，幸存下来。为了我所爱的人，为了我的孩子，我也一样尽力设法把船装足，以备生命之旅所需。"

---

① 《物质生活》，伽利玛出版社。
② 一种主料是番茄、辣椒和香料的汤，汤里会放生番茄和生黄瓜，西班人夏季常做这道汤。——译注
③ 一种以韭葱、土豆和鲜奶为主料的汤，上菜的时候会撒上切碎的香草。——译注
④ 《玛格丽特的厨艺》，伯努瓦·雅各布出版社。

RECETTE DE L'OMELETTE VIETNAMIENNE
菜谱：越南炒蛋

"这很难。需要文火和时间。成功的秘密就是耐心。这道菜要用平底煎锅来做。

"先把烟肉粒或没有腌过的肥猪肉丁炒一下。把所有食材都切丁。可以加半瓣蒜蓉。当猪肉炒好，加入切得很细的大葱。加胡椒粉。不要放盐。当各种丁和烟肉粒拌匀了，加入放在开水中泡开的黑香菇（用前一定要洗净），粉丝和豆芽。在放鸡蛋之前先放鱼露，倒一满杯，不过要小心，鱼露很咸。不要放盐，或只放一点点盐。然后品尝。

"这道菜有时我会做不好，我不明白是为什么。或许是蛋炒得太老了。有时候这道菜做得好得超出了我的想象，我也同样不知道为什么。"

« ÇA COMMENCE À FAIRE, LE NOMBRE DE GENS QUI DISENT QUE C'EST LA MEILLEURE CHOSE QU'ILS ONT MANGÉE DANS LEUR VIE. »

"这慢慢传开了,很多人都说这是他们有生以来吃过的最好吃的东西。"

L'ENDROIT DE LA PASSION

激情之地

1956—1964

« AUCUN AMOUR AU MONDE NE PEUT TENIR LIEU DE L'AMOUR. »

"世间任何一种爱都无法替代爱情。"

《塔尔奎尼亚的小马》

▼ 诺弗勒堡，杜拉斯的写作之家。
▶ 图 130—131 页：玛格丽特在她诺弗勒的家里（1969 年）。

　　1956 年，玛格丽特买下了她的第一幢房子。一处给她儿子的爱巢，一个属于自己的可以写作的房间，一方供朋友歇脚的港湾，一个阿尔及利亚战争期间讨论时政的场所，一处用来拍摄《娜塔莉·格朗热》或《卡车》之类电影的外景地。她将《抵挡太平洋的堤坝》的版权卖给了制片人迪诺·德·劳伦提斯，勒内·克莱芒导演将之改编成电影，她用得到的钱购置了这处房产。诺弗勒堡距离圣日尔曼德普雷 37 公里，位于后来被温柔地称为伊夫林的塞纳-瓦兹省。

买下诺弗勒堡是这位游子一生的大事，她有如无根的浮萍，童年辗转于穷乡僻壤的公务员房子和东南亚的各大城市。"我喜欢诺弗勒，我没有故乡，我把这儿当成了故乡。"[40] 这里可以听到钢琴奏出的音乐，树林中的鸟鸣，邻近幼儿园的孩子的笑声，以及专心写作需要的某种寂静的天籁。每个人都有自己的领地：玛格丽特占了厨房，她用图钉钉在墙上的那份必备物品的清单，用来炖胡萝卜牛肉或越南肥猪肉的各种灶具；迪奥尼斯占了她通常夸张地称为"公园"的花园和他精心修剪的不计其数的玫瑰；乌塔占了池塘，还有池里的睡莲和游鱼，他在里头捉鲤鱼。这是一所为她量身定做的房子，没有外人的偏见，有的是鲜艳欲滴的花朵和阳光下晶莹透亮的蜘蛛网。

激情之地

ANNÉES ÉROTIQUES

情色年华

玛格丽特是否用情不专？说到底，她极度渴望经历一段新的爱情。她陶醉于身体迸发的激情，任其扰乱生命的轨迹，让她失血，甚至死亡。"你害了我，你对我真好"，《广岛之恋》中的经典台词——她很快就写好了这部电影的对白——由女演员埃玛纽·丽娃喃喃道出。1955 年，母亲去世前夕，她在一场舞会上结识了热拉尔·雅尔罗（Gérard Jarlot）。他三十三，她四十一，两人相差八岁。他是花花公子，巧舌如簧的文人，热衷社交的酒鬼，享乐主义者，撒起谎来像呼吸一样自然，将众人玩弄于股掌之间。他是名记者，二十岁就在伽利玛出版首部小说《白色武器》（*Les Armes blanches*）的天才作家，但他已经结婚，是三个孩子的父亲。他是维昂和阿拉贡的朋友，喜欢爵士乐和艺术。他的生活是一辆疯狂的赛车，带着他的情人呼啸而过。他们一起做爱，喝酒。玛格丽特受到了双重诱惑：她感到自己对他产生了肉体的迷恋，而且再也无法摆脱对酒精的需要。这种肉体之爱中包含施虐受虐的成分，其中不乏暴力与危险。身体是有记忆的，情人的抽打或许唤醒了母亲和大哥留下的伤痛。"吞噬我吧。按照你的形象使我变样吧，以便在你之后，没有任何人会理解，为什么会有如此强烈的欲望"，她借埃玛纽·丽娃之口说出了这句话，接着她写了一本情色小说《坐在走廊上的男人》，修改后于 1980 年出版。在杜拉斯看来，写作是一项收拾残局的完美艺术。

▶ 电影《琴声如诉》，彼得·布鲁克（Peter Brook）执导，1960 年上映，根据杜拉斯的同名小说改编，让-保罗·贝尔蒙多和让娜·莫罗主演，后者凭借该片获得戛纳电影节最佳女演员奖。

▶ 电影《广岛之恋》（1959 年）的演员埃玛纽·丽娃和冈田英次，阿兰·雷乃（Alain Resnais）根据玛格丽特·杜拉斯的剧本拍摄。"广岛的女人对爱情尤其迷恋。"

激情之地

激情之地

◀ 玛格丽特·杜拉斯和她的恋人，作家热拉尔·雅尔罗。"在爱情中，他很粗犷，既狂野又克制、既可怕又绅士。"(《物质生活》)

▶ 在这张新小说派的合照中（1959年拍摄），玛格丽特·杜拉斯是重要的缺席者。她没有受到邀请的原因是她被认为与《新法兰西杂志》走得太近。从左至右依次为：阿兰·罗布-格里耶（Alain Robbe-Grillet）、克洛德·西蒙、克洛德·莫里亚克、热罗姆·兰东、罗伯特·潘热、萨缪尔·贝克特（Samuel Beckett）、娜塔莉·萨洛特和克洛德·奥利埃。

献给热拉尔·雅尔罗的《琴声如诉》脱胎于他们的故事。这本书里也有乌塔的影子。钢琴课令人想起圣伯努瓦街的演奏会，让·马斯科洛在一架二手普莱耶尔钢琴上弹奏迪亚贝利[41]的奏鸣曲。这本小说出版于1958年，获得了五月大奖，它标志着杜拉斯作品的一个断裂点。她恳请伽利玛允许她离开一段时间，而另一方面，阿兰·罗布-格里耶给她打了二十通电话，将她招至由他担任文学顾问的午夜出版社。按照约定，她可以在这里出版一本小说，然后再回到原来的出版社。直到最后一部作品，她始终在伽利玛与午夜出版社之间来回穿梭，其间也选择过 P. O. L. 出版社。这一时期，她和良师益友迪奥尼斯·马斯科洛分手，两人不再出双入对，但他仍然住在圣伯努瓦街，甚至在他的新伴侣索朗日为他生下女儿之后依旧如此。杜拉斯不再像以前那样写作，她将美国作家考德威尔、福克纳和海明威的影响抛诸脑后，锤炼语句，删繁就简，字数总在减少，沉默总在增多。人们将她归入新小说派，

激情之地

归入"目光派",因为她的视觉写作将读者置于窥视者的位置。《琴声如诉》的女主人公安娜·戴巴莱斯特迷失了自我,劳儿·V.斯坦和安娜-玛丽·斯特雷特与她一脉相承。"我在书里叙述的,这个想被人杀死的女人,我经历过她的生活,"玛格丽特·杜拉斯在《话多的女人》中向格扎维埃尔·戈蒂埃(Xavière Gauthier)坦承,"从此开始,所有的书都改变了。"她以后的作品将用一种新的方式在话语与沉默、孤独与等待、遗忘与痛苦、爱情与死亡之间展开对话。

她的恋情没有切断她与现实的联系。她对政治的介入更加深入。她关注一切事态的发展:莫斯科审判,1956年11月4日苏联坦克开进布达佩斯,阿尔及利亚的镇压。一向活跃的圣伯努瓦街小组发表了大量文章和宣言。1957年,赫鲁晓夫的秘密报告(报告中揭露了斯大林的罪行)公布之后,小组发布了一封《告法国工人书》,要求对工人运动中的斯大林式做法进行公开讨论。迪奥尼斯·马斯科洛和让·舒斯特于1958年创办了一份反对戴高乐重掌政权的杂志《七月十四日》，玛格丽特·杜拉斯为杂志的第一期撰写了一篇题为《布达佩斯的杀手》的文章，指责苏联体制、法国共产党和马尔罗。她越来越支持阿尔及利亚的斗士。杜拉斯是左派的良心，她与被压迫的人民团结一致，一切的不公都令她愤慨。从家族遗传到反殖民主义立场，她始终走在自己的路上。她敢于冒险，参与了对阿尔及利亚民族解放阵线的援助，将活动经费藏在她的公寓中。"圣伯努瓦街有很多基金，他们在巴黎发放这些基金。那时我负责运送箱子。"1988年她在法国电视一台的一次访谈中这样说道。1960年7月，她与西蒙娜·德·波伏瓦、让-保罗·萨特、莫里斯·布朗肖、阿兰·雷乃及其他人一起签署了《121人宣言》，这是一份由迪奥尼斯·马斯科洛和让·舒斯特起草的在阿尔及利亚战争中有权不服从命令的宣言。就在这一时期，她开始给报纸写文章：她为《法兰西观察家》撰写各种专栏，尤其喜欢写社会杂闻；她还同雅尔罗合作，在《法兰西星期天》上报道刑事诉讼案件。那些流氓和罪犯令她着迷。罗伯特·昂泰尔姆的咒骂根本不起作用——"你这样做简直是自取其辱"——她还是继续为报纸撰稿，并且以她的文笔、自由和道德规范，创造出一种新闻报道的新形式。此外，写报纸文章可以让她走出家门，她说自己每天要在家写上八个小时。

"为报纸写作就是要快。等不得。所以，这样的写作应当让人感觉到这份急切，这种不得不一蹴而就的味道。" [42]

激情之地

L'AURA DE LA CÉLÉBRITÉ

成名的光环

杜拉斯是一位流行作家。1956年，她的第一出戏剧《广场》在香榭丽舍剧院上演，连演了两季。萨缪尔·贝克特听了电台转播，认为这出戏非常精彩。

勒内·克莱芒执导的《抵挡太平洋的堤坝》是一部好莱坞式的大片，由西尔瓦娜·芒加诺与安东尼·博金斯联袂出演，几乎获得了评论界的一致好评。杜拉斯在公开场合也为影片叫好，但内心其实非常失望。随着时间的流逝，她对影片越发不满，直至1992年向其"宣战"：

"我之所以产生了拍电影的念头，是因为那些根据我的小说拍成的电影，简直让我无法忍受。

所有的电影，真的，都背叛了我写的小说，简直是到了让我匪夷所思的地步。最离谱的背叛是勒内·克莱芒拍的《抵挡太平洋的堤坝》。"[43] 回忆并不令人愉快。其他几部作品也被相继搬上银幕，杜拉斯亲自执导影片前参与了：彼得·布鲁克导演的《琴声如诉》(1960)，由"嘴唇像一瓣橘子"的让娜·莫罗主演，以及于勒·达森（Jules Dassin）导演的《夏夜十点半钟》(1967)，女主角玛丽娜·墨蔻莉把她做希腊丸子的菜谱传给了作家……

玛格丽特听从热拉尔·雅尔罗的建议，买了一辆天蓝色的英国小轿车，车内饰有昂贵的真皮和实木。他们形影不离，作累里沃利街的单身公寓，风驰电掣地驶向圣特洛佩，一直到意大利，车子再也开不动为止。为了方便起见，乌塔被送到了利尼翁河畔勒尚邦的塞文学校。小男孩把寄宿学校当成了监狱，给母亲的信里写满了

激情之地

▲ 玛格丽特在写给《时尚》杂志的一篇文章中描绘了让娜·莫罗的形象:"她不是很高。非常非常瘦。四十五公斤。一年四季她的肤色都是金黄色的,无与伦比地细腻。嘴唇像一瓣橘子。眼睛是金褐色的,如同丝绸一般柔和。"

激情之地

忧伤，他想念巴黎的房间，想念诺弗勒的池塘。三年的寄宿生活让父母得到了自由，却给他的童年蒙上了阴影。

1958 年夏，在恋人默契的注视下，杜拉斯写下了《广岛之恋》的对白，雅尔罗的名字随后出现在电影的片头字幕中。导演阿兰·雷乃与制片人阿纳托尔·多曼考虑过多名人选，西蒙娜·德·波伏瓦，弗朗索瓦兹·萨冈，最终他们一致选择了玛格丽特·杜拉斯。影片的基调？一个原子弹爆炸后有关生存的故事。结果：她将一篇命题作文写成了真正充满诗意的杰作。杜拉斯的全部精华都在这里，在这个灾难与激情相伴相生的标题中。"你在广岛什么也没看见，什么也没看见"，"我什么都看见了，都看见了"，日本男演员冈田英次与埃玛纽·丽娃在枕边反复耳语，他们经历了一段短暂而致命的激情：不可能的爱情。这也是一部关于回忆的电影，广岛与纳韦尔交错重叠，重现了占领时期法国少女与德国士兵的爱情悲剧。"一部杰

激情之地

作！"评论家、电影人和作家们为影片齐声喝彩，只有少数几人持保留意见，其中包括公认严谨的玛格丽特·尤瑟纳尔（Marguerite Yourcenar）："怎么不叫《奥斯维辛我的爱》？"在1959年的戛纳电影节上，虽然没有参加正式角逐，影片还是引起了巨大轰动。不久，它又获得了奥斯卡最佳原创剧本奖的提名。杜拉斯和雷乃的事业一飞冲天。只有一点让她心中不快：她签了一份不合理的编剧合同，没拿到一分影片提成。她再也不会上同样的当了。她成了红人，她与热拉尔·雅尔罗合写的剧本《长别离》由亨利·科尔皮执导，获得了1961年的戛纳金棕榈奖。与雅尔罗在一起的日子里，她爱得发疯，醉得发狂，创作如泉涌。除了一部源于社会杂闻的戏剧《塞纳-瓦兹的高架桥》，几部根据亨利·詹姆斯小说改编的舞台剧，杜拉斯还接连出版了两部小说：1961年的《夏夜十点半钟》，安排了杜拉斯式的三角关系情节，欲望在第三者的窥视下不断膨胀；1962年的《昂代斯玛先生的午后》，描写了等待、非物质的存在、闪烁的光线、飒飒的风声。人们开始频频将她的爱情间奏曲比作埃迪特·琵雅芙的香颂。

"杜拉斯，她是一个火球，一个所到之处无不留下温柔灰烬的火球。"

埃玛纽·丽娃

▶ 阿兰·雷乃执导的第一部长片《广岛之恋》中的埃玛纽·丽娃与冈田英次。玛格丽特·杜拉斯创作了影片脚本，其中的几句对白成为经典台词："你害了我，你对我真好。"

激情之地

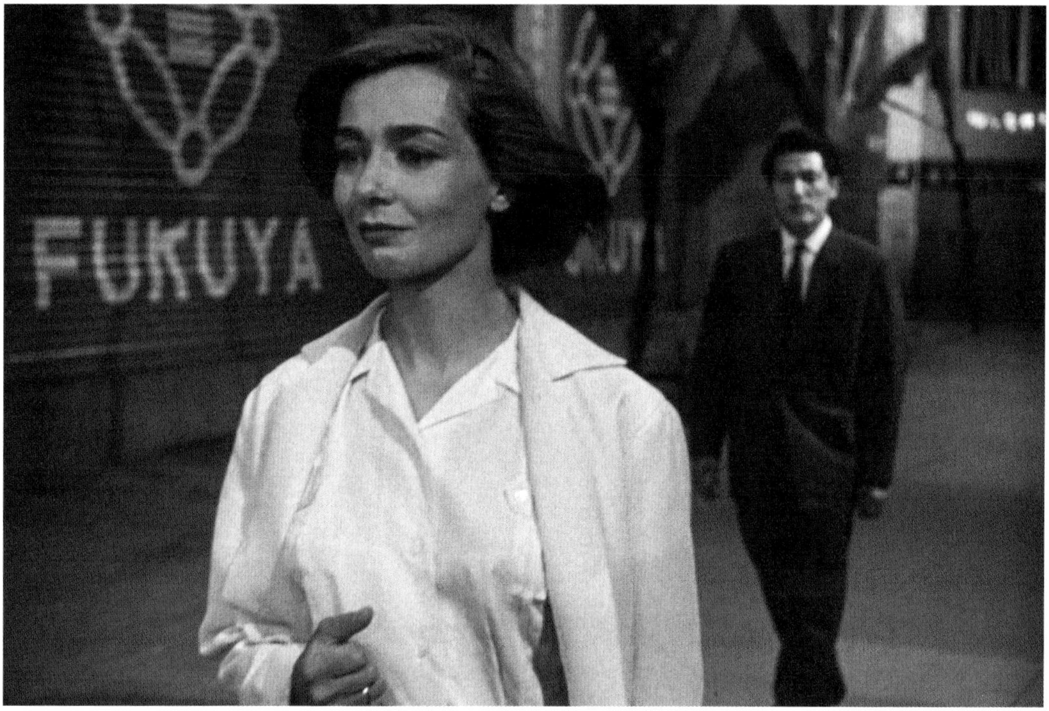
FUKUYA

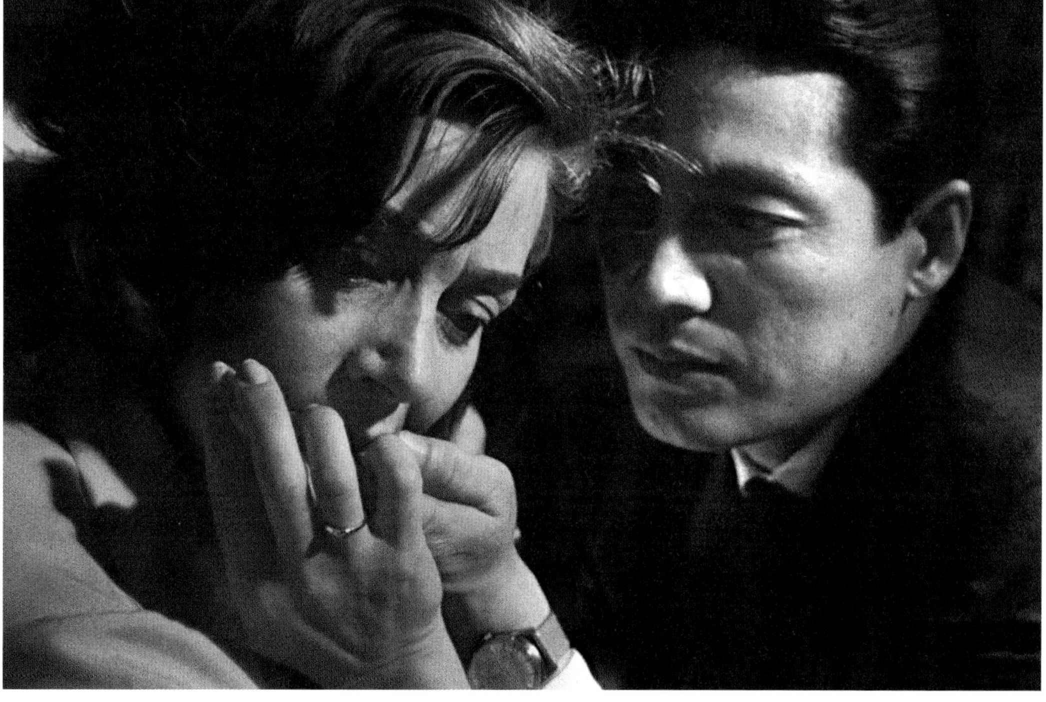

▲ 两位荣获梅里艾奖的电影人：《广岛之恋》的编剧玛格丽特·杜拉斯和《四百击》的导演弗朗索瓦·特吕弗。

激情之地

LES ROCHES NOIRES

黑岩

玛格丽特·杜拉斯从《费加罗报》上读到一则启事。出售：一套特鲁维尔的公寓，位于老黑岩旅馆，马莱-史蒂文斯[44]重新装修，普鲁斯特笔下的传奇之地，再现《追忆》中巴尔贝克大旅店的原貌……无须再往下看了。她熟悉这个地方，儿时她曾经在海滨浴场漫步，在旅馆大厅打弹子。她没有多问，立即买下了它。同诺弗勒一样，这里让她一见倾心。1963 年 6 月 1 日，一处新的幻想之地盖上了杜拉斯的印戳。

玛格丽特喜欢看它那精雕细镂的阳台投下阴影，成群的孩子在一望无边的沙滩上嬉戏，天空中种种光线变幻，几只海鸥从赌场上空飞过，塞纳河转了个弯流入大海……比起被她称为"死海"的地中海，她更喜欢寒冷的海洋，比如北海和芒什海峡。人到中年，杜拉斯的容貌改变了。她的脸庞因酗酒而毁了，为此她说过一番略显造作却不乏深意的话："酒具有上帝没有的功能，还可以代替自戕。这张被酒精摧残的脸在喝酒之前就有了。喝酒只是来确认这一点。"她独自喝个不停，喝得越来越多。至于上帝，她是不信的，可她一直都在谈论。酒与性紧密相连。她一开始与热拉尔·雅尔罗一起喝。她喝过了头，很快就超过了他。"酒精一向是和性暴力紧密联系在一起的。酒使它辉煌灿烂，因此它是不会溶解消散的。不过这是在精神上。那种快感的实现，酒可以取而代之，但不能代之而行。"[45] 这番话还有另一层意思。酗酒的原因是多方面的：与母亲的关系，生活的不幸，空白之页的折磨……

正如另一位著名的酒鬼作家马尔科姆·劳瑞所说，希望总在下一杯酒中。1963 年，接受完第一次戒毒治疗后，她写下了 20 世纪文学的杰作《劳儿之劫》。遗忘自我的迷狂，精神濒临崩溃，游走在无意识的边缘，小说围绕 T. 滨城娱乐场的一场幻想中的舞会展开，劳儿让一位身穿黑裙的年长女人安娜-玛丽·斯特雷特

把自己的未婚夫麦克·理查逊劫走了。爱情的三角游戏，小说预示了杜拉斯后来的印度组曲。赞扬之声铺天盖地，尤以精神分析学家雅克·拉康（Jacques Lacan）的致敬最为响亮，他指出："必须像弗洛伊德那样，记住在这一方面，艺术家在他的工作中永远是走在他（心理学家）前面的，他不应成为一个心理学家，在这里是艺术家为心理学家开辟道路。这正是我在《劳儿之劫》中所看重的，在这里，玛格丽特·杜拉斯显示出她对我所讲授的一切无须我就已了然于心。"[46] 小说出版于1964年。同年，杜拉斯厌倦了雅尔罗的谎言、背叛和不忠，在他离开自己前离开了他。她迎来了她的天命之年。

激情之地

◀ 144—146 页图：黑岩，滨海特鲁维尔。原先是一家旅馆，普鲁斯特经常住在这里（111 号房），玛格丽特在这里买了一套公寓："有一件事我很会做，那就是看海。"

▲ 玛格丽特有一张被酒精摧残的脸（1962 年）。"饮酒使孤独发出声响，最后就让人除了酗酒之外别无所好。"（《物质生活》）

▶ 148—149 页图：20 世纪 60 年代初的玛格丽特。一米五二的个头让她看起来就像三个芒果那么高。

激情之地

MARGUERITE A TROIS MAISONS

玛格丽特的三个窝

圣日尔曼德普雷

　　首先，是圣日而曼德普雷区的圣伯努瓦街 5 号。这是玛格丽特一生的居所，1942 年，她搬来这里，一直住到 1996 年去世。从卧室的窗户可以望见教堂的钟楼。后来，一幢新建的大楼挡住了如明信片上的风景。她与丈夫罗伯特·昂泰尔姆和情人迪奥尼斯·马斯科洛住在一起，这是一套集体公寓，却不是三人之家："我们一同生活的地方永远向朋友敞开，它是布勒东梦想的那种玻璃房子。" 1940 年到 1960 年间，由多名知识分子组成的圣伯努瓦街小组经常在玛格丽特·杜拉斯的住处开会。几名抵抗组织的成员加入了法国共产党，随后又因反斯大林主义和反教条主义被开除出党。位于四层的公寓有一间用人房，这里庇护过整整一代浪子：作家雅维耶·格朗德和恩里克·维拉-马塔斯（Enrique Vila-Matas）、画家科皮、男扮女装者阿玛波拉、地下电影人米洛舍维奇……玛格丽特后悔自己没有在第六区纵情享乐，全世界都在谈论这里的生活。"很快，去塔布酒吧或双叟咖啡馆对我来说都为时已晚。"

诺弗勒堡

  诺弗勒堡很快就有了写作之家的美誉。"我用《抵挡太平洋的堤坝》一书改编成电影的版税买下了这座房子。它属于我，归我名下。那是在我对写作痴迷之前。火山般的狂热。我想这座房子起了很大作用。它抚慰了我童年经历的一切痛苦。我购买它时立刻就知道这对我是件重要的事，有决定意义的事。"[①] 从 1957 年起，她把全部心思都放在了这里。她追寻着往日的痕迹，不厌其烦地讲述这片属于她的土地保存的记忆，这些记忆让她书中的女主人公与房子曾经的女主人产生了联系。她喜爱门口种的那株南欧紫荆、她精心培育的茶花以及散发着东方气息的天竺葵插条。"我可以一连数小时地谈论这所房子，这座花园，我熟悉一切，我知道原来那些大门的位置，所有一切，池塘的围墙，所有的植物，所有植物的位置，就连野生植物我也知道在哪儿，所有一切。"[②] 玛格丽特也熟悉整个村庄，她在伊夫林省四处漫步，排遣了不少孤独时光。她生前将这所房子留给了儿子，很高兴他和自己同样依恋这里。

特鲁维尔

  在特鲁维尔,她为自己买下了一片风景。多亏了 1963 年她在黑岩旅馆买下的这套公寓,她再次和童年那片"无边无际的大海"联系在了一起:"在我的书里,我总是在海边……我很早就接触了大海,在我母亲买下《抵挡太平洋的堤坝》里那块地的时候。"[3] 她始终未能真正地晒过日光浴,可她会去看海,记录下每日的雨、潮汐和刮走阳伞的风。"特鲁维尔,现在它是我的家。它取代了诺弗勒和巴黎。我是在这里认识的扬。"她在《物质生活》里如是说。他们一同开车在诺曼底兜风,法图维尔、基耶伯夫、科尔贝耶、昂蒂弗、埃特勒塔、瑞米耶日,特鲁维尔方圆一百公里内都有他们的足迹。"每个地方都有另一个名字,另一段故事:唐卡维尔桥横跨了湄公河,海滨牧场变成了稻田……"摄影师埃莱娜·邦贝尔吉(Hélène Bamberger)这样说道,她与玛格丽特·杜拉斯合作,出版了一本摄影集《写作的海》。"海完全是为我而写。这就好比一页页的纸,你瞧,一页页写满的纸,因为写满而空茫,因为不断被写,因为写满了字而难以辨认。"[4]

① 《写作》,伽利玛出版社。
② 《玛格丽特·杜拉斯的领地》,米歇尔·波尔特,午夜出版社。
③ 同上。
④ 同上。

M. D. FAIT SON CINÉMA

杜拉斯拍电影

1964—1977

« MA VIE EST UN FILM DOUBLÉ, MAL MONTÉ, MAL INTERPRÉTÉ, MAL AJUSTÉ, UNE ERREUR EN SOMME. UN POLAR SANS TUERIES, SANS FLIC NI VICTIMES, SANS SUJET AUCUN. »

"我的生活是一部译制片，剪辑糟糕，表演拙劣，粗制滥造，总之是个错误。一部没有凶杀的侦探片，既没有警察也没有受害者，没有任何主题，什么也没有。"

《物质生活》

▲ 玛格丽特·杜拉斯,圣伯努瓦街(1966年)。专注时的样子。

杜拉斯拍电影

20世纪60年代中期,玛格丽特不再是以前的她了。身材发福,鹅蛋脸也变了样。她留一头短发,戴一副可笑的大眼镜,身穿男式羊毛衫,手里总夹着一根茨冈牌香烟。她发觉自己丑了、胖了,于是幻想自己是博尔赫斯笔下的尤物,一个年方二十的美国佳人。魅力不再是她难以接受的。美貌给人自信、幸福和力量,她想。很快,她用平日穿的玛·杜制服解决了身材的烦恼:一件卷领套头衫可以掩盖脖子短的缺点,一条齐膝的裙子,一双平跟鞋,就这些。不工作的时候,她会缝几个坐垫,画中国水墨画。她常常漫步在诺弗勒的乡村,有时也到特鲁维尔赌场玩轮盘赌。她独自生活,这生活让她害怕。些许的安慰:人们从未如此热烈地谈论过她。她已跻身文学名家之列。1964年,她去美国做了一趟长途旅行,从芝加哥到旧金山,途中经过纽约,同新小说派的作家们一样,她在纽约受到了学界的认可。她的出版商格罗夫出版社正在翻译《劳儿之劫》,此前他们出版了她的小说《广场》《琴声如诉》和剧本《广岛之恋》《夏夜十点半钟》。

从美国回来后,她开始修改《副领事》的初稿。她已经带着她的忧郁、她的男主人公和她的多份草稿去过威尼斯,也到过黑岩。"死去的年月",她如是说。在意大利的里窝那,她和昔日好友艾里奥和吉内塔·维托里尼重逢,正是在这里她完成了小说。艰难的写作,她始终在记忆的黑屋里摸索,她将这间黑屋称为"内心的影子",也就是"所有个体的过往的阴影"。一切都有源头:洞里萨湖的女乞丐,诺伊的小犹太人,弹奏舒伯特的苍白女人,饥饿、疾病和恐怖肆虐的地方。她对标题斟酌再三,为何不叫《副领事或空无一人的网球场》?最终她对"领事"一词的 C

杜拉斯拍电影

▲ 电影《印度之歌》（1975年）的全体剧组人员，其中包括德菲因·塞里格（Delphine Seyrig）、迈克尔·朗斯戴尔、马修·加里瑞……

"我对电影没有总体概念。我只能跟你谈我的电影。"

杜拉斯拍电影

字大写感到满意。她的第十二部作品出版之后，各方评论褒贬不一：一边是"发生在印度的拼图游戏"，"她刚写完的 212 页是多余的 212 页"；另一边是"一种咒语般的魔力在升起"，"作家在这一时期具有毋庸置疑的才华"。杜拉斯再也不会被人忽视。她有一众拥趸，她令他们着迷，是他们生活的动力，也有一群诋毁者，她让他们恼火，被他们戏称为"长舌妇杜拉斯"。西班牙作家恩里克·维拉-马塔斯 20 世纪 70 年代租住过圣伯努瓦街的用人房，他对这两种态度界定得非常清楚：

> "对待玛格丽特·杜拉斯的文学没有中间路线。要么为之倾倒，要么厌恶至极。我认为有一点是显而易见的，那就是这种针锋相对从来没有间歇。"[47]

▶ "我写作并无目的。我甚至不为女人而写。我写女人是为了写我，写那个贯穿在多少个世纪中的我自己。"

杜拉斯拍电影

QUI EST ANNE-MARIE STRETTER ?

谁是安娜-玛丽·斯特雷特？

"她传出的是不能活的讯息。"

难以想象除了德菲因·塞里格，《印度之歌》中的安娜-玛丽·斯特雷特会有别的模样，她在片中的声音，她轻盈的步态，她飘逸的红棕色头发和她穿着修身长裙时的曼妙身姿……事实上，这个人物十年前就已登场，在1964年的《劳儿之劫》中，1965年她在《副领事》里再次现身。正是她，身着一袭有双层绢纱紧身内衬的黑色连衣裙，在T.滨城娱乐场的一场舞会上，劫走了劳儿的未婚夫麦克·理查逊……从此，杜拉斯与传统小说决裂了。她笔下的人物穿行于一本本书和一部部电影，他们反复出现，挥之不去，纠缠不休，模糊了想象与现实的界线。在杜拉斯的传奇中，安娜-玛丽·斯特雷特有着特殊的地位："有时候我在想，我写东西是因为她。"[①]作家这样宣称，这与她谈论自己母亲时所说的话完全相同。因此，将这位劫走情人的女人与玛丽·多纳迪厄联系起来就不足为奇了……更何况杜拉斯还让她的女主人公死于印度的海水中："她回到大海就像是回到母体。"[②]后来，在电影《在荒凉的加尔各答她名叫威尼斯》中，她给安娜-玛丽·斯特雷特加上了意大利血统和一个年轻姑娘的名字，安娜·玛丽亚·卡尔蒂。"我的书和我的电影都是和她之间的爱情故事。"[③]

杜拉斯坦言，安娜-玛丽·斯特雷特，就是伊丽莎白·斯特里德。

她对此不断地加以说明。在与多米尼克·诺盖对谈的纪录片《词语的颜色》中，她只是隐约看见了这个女人："我从未就近看过她。我总是透过公园的栅栏看她。或是夜晚看她乘车外出。当我自编自导《印度之歌》的时候，我重新安排了人物命运，故事地点。我把永隆搬到了加尔各答。"随后，在她与热罗姆·博儒尔（Jérôme Beaujour）的谈话录《物质生活》中，杜拉斯拉近了镜头："这事发生的时候，我的年龄在八岁到十二岁之间。如同一声惊雷，或是宗教信仰……她乘着她的新黑色利穆小轿车驶过。她的名字跟安娜-玛丽·斯特雷特很像。叫斯特里德。是总督夫人。"只有让·瓦里尔在他那本资料翔实的传记中指出，玛格丽特也许根本没有见过她。少女杜拉斯应该听说过她，她周身围绕着致命的光环，一个年轻人就是为她而

自杀。"我认为这个女人可以致人死命……好像我早年的生活无法摆脱死亡。安娜-玛丽·斯特雷特是死神的化身,同孩子的母亲一样,一个和我一般大的八岁小女孩的母亲。"④ 不然就是另一个年轻人的自杀,发生在玛格丽特乘邮轮回法国的一次旅程中……转移和浓缩是作家的专长。安娜-玛丽·斯特雷特可以拥有杜拉斯的朋友贝蒂·费尔南德兹或玛丽-克洛德·卡彭特的纤细身材,这些朋友又令她想起1926年在西贡遇到的一个美丽女人:"她的美令人无法忘怀。她从我身边经过时,我有一种被灼伤的感觉。我在原地愣了许久。"⑤ 1977年,真正的伊丽莎白·斯特里德的孙女邀请玛格丽特·杜拉斯到她祖母所在的养老院会面。她心想还是不见为妙。老妇人理解她的心思,给她写了一封信:"您有理由保持沉默。通过我年轻时的样子,您的想象创造了一个虚构的形象,她之所以有魅力,完全是出于这份神秘和不为人知,这一点应该保留。我对此也深信不疑,所以我既不想读您的书,也不想看您的电影。"⑥ 一年后,伊丽莎白·斯特里德去世,享年九十一岁……在她生命的尽头,在将她与季风天气联系起来之前,杜拉斯向周围的人打听安娜-玛丽·斯特雷特的消息……

---

① 《玛格丽特·杜拉斯的领地》,米歇尔·波尔特,午夜出版社。
② 同上。
③ 同上。
④ 《词语的颜色》,该版本根据录像资料整理。
⑤ 《卡提拿街的陌生女人》,《新观察家》杂志访谈。
⑥ 《绿眼睛》,《电影手册》,1980年6月。

INDIA SONG

**AVEC
DELPHINE
SEYRIG**

MICHEL LONSDALE
MATHIEU CARRIERE
ET CLAUDE MANN

IMAGES
BRUNO NUYTTEN
SON
MICHEL VIONNET
ASSISTANT RÉALISATEUR
BENOIT JACQUOT
MONTAGE
SOLANGE LEPRINCE
MUSIQUE
CARLOS D'ALESSIO
PRODUIT PAR
STEPHANE TCHALGADJIEFF
POUR
SUNCHILD
LES FILMS ARMORIAL
DISTRIBUTION
LES FILMS DE L'ATALANTE

film de
MARGUERITE DURAS

« LE VICE-CONSUL EST UN DES RÔLES LES PLUS IMPORTANTS DE MA CARRIÈRE. J'AI DÉPASSÉ QUELQUE CHOSE QUI N'ÉTAIT PAS VOULU. LES HURLEMENTS D'AMOUR POUR CETTE FEMME, CELA M'A PROFONDÉMENT PERTURBÉ. CE N'ÉTAIT PLUS DU THÉÂTRE NI DU CINÉMA. CELA RELEVAIT DU PSYCHODRAME. »

"副领事是我电影生涯最重要的角色之一。我克服了某种意想不到的东西。大声叫出对这个女人的爱，让我陷入了深深的慌乱。这不再是演戏或者拍电影。它属于心理剧的范畴。"

迈克尔·朗斯戴尔
（关于《印度之歌》）

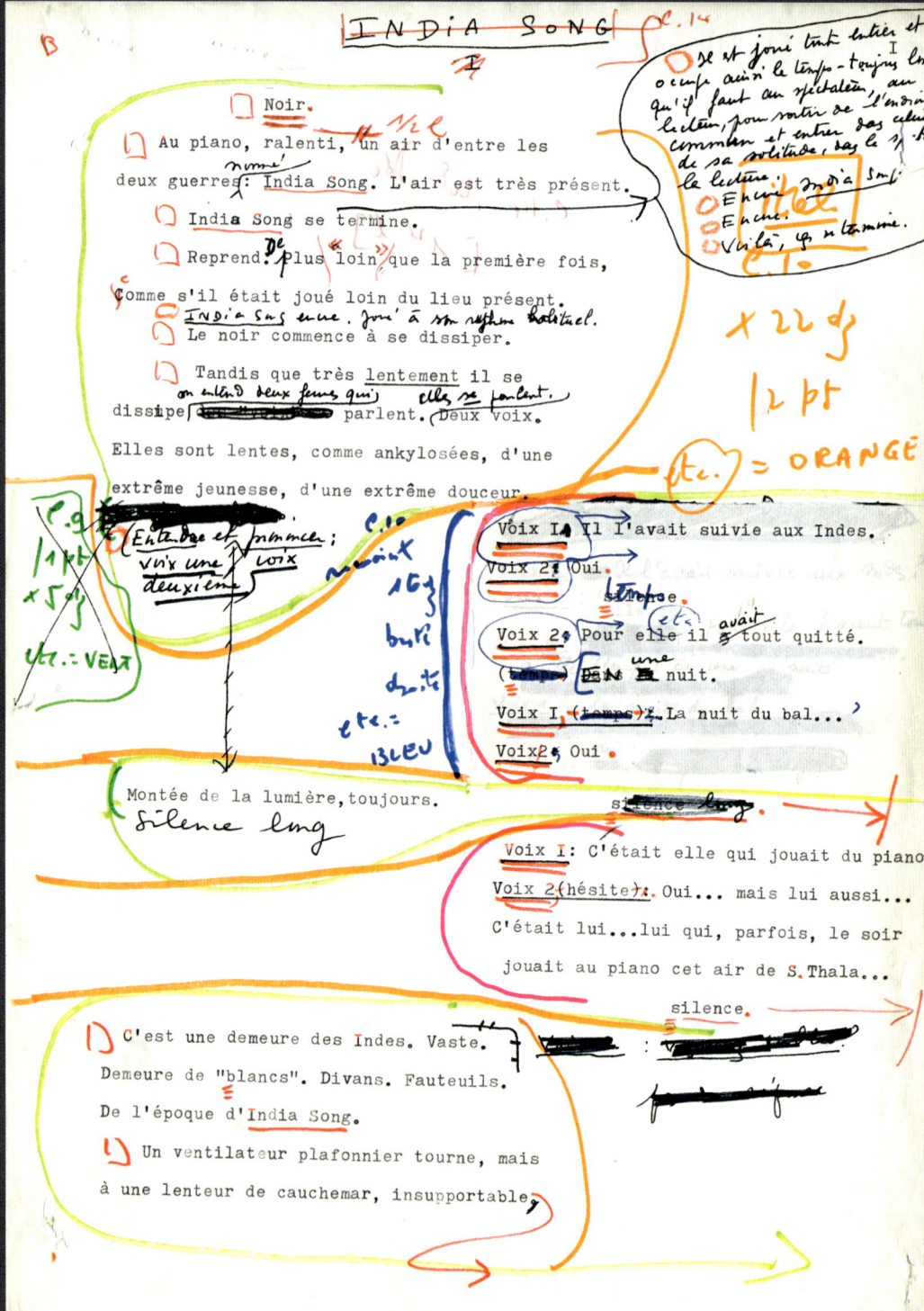

SAISON DURAS

杜拉斯之季

我们上演她的戏剧：《水和森林》，一部借助荒谬的想象之作；《音乐》，一首夫妻生活甘苦参半的乐曲。我们寻找制片人将她的小说搬上银幕。《直布罗陀水手》《夏夜十点半钟》分别由托尼·理查森和于勒·达森执导，片中的女演员是他们各自的缪斯女神，让娜·莫罗和玛丽娜·墨蔻莉。在 1965 年至 1966 年这一季，惊喜来自戏剧舞台，在奥德翁剧院上演的《成天上树的日子》中，玛德莱娜·雷诺的表现令人难忘。该剧导演让-路易·巴罗宣称："这是一部扣人心弦、感人肺腑、动人魂魄的作品。"皮格马利翁，他也想要雕出玛德莱娜的样子，她刚刚在贝克特的剧作《啊，美好的日子！》中出色地塑造了温妮，现在她希望得到这个无比卑微的角色。她向玛格丽特了一些关于她母亲的问题，她的衣着打扮，她的讲话方式……小 D 开始回忆，她讲述自己的童年，展示了一张照片。1965 年 12 月 1 日，首演之夜，剧院被征服了，杜拉斯流下了眼泪。她见到了她的母亲。这名编剧新手认为玛德莱娜·雷诺就是玛丽·多纳迪厄的翻版。她没有忘记这次精彩绝伦的演出：四年后，她请玛德莱娜在《英国情人》中饰演一个犯罪的女人，这个角色让女演员登上了艺术的巅峰。作家在标题中嵌入了一个颇有意味的文字游戏，"英国情人"的另一种拼法"英国薄荷"（la menthe anglaise），这是她家里栽种的一种植物。杜拉斯是一位获得肯定的戏剧作家，人们赞赏她那意义丰富的对白，她敏锐的洞察力，她对人心和夫妻关系的了解。评论界更是频频将她与契诃夫相提并论。

杜拉斯拍电影

▶ 1965年12月3日,她的剧作《成天上树的日子》在奥德翁剧院彩排结束后,玛格丽特与演员玛德莱娜·雷诺一同庆祝。

▶ 1966年4月,玛格丽特·杜拉斯在《时尚》杂志谈到玛德莱娜·雷诺:"我们说:她演了贝克特、比耶杜和杜拉斯笔下的夫人。可这说明了什么?事实难道不是她征服了这些夫人,把她们带到她远方的洞穴里,然后吃了她们?"

▶ 《音乐》的演员罗伯特·何森、德菲因·塞里格和朱莉·达森，这部电影由玛格丽特·杜拉斯与保尔·色邦（Paul Seban）共同执导，1967年上映。

玛格丽特对这些女演员有着特殊的感情，她们是双重理想的化身。她是她们的朋友，从罗莱·贝隆一直到布尔·奥吉尔都是如此，她说对她们应当完全包容。她懂得调动她们的情绪，让她们的音色变得动人。她还擅长表现她们的脆弱，就像《印度之歌》中的德菲因·塞里格，将镜头对准她喂过儿子后几乎干瘪的乳房……杜拉斯成了女性杂志《世界时装之苑》和《时尚》以及《星座》等刊物人物特写专栏的御用作家，她用一笔就能勾勒出这些明星的模样，一个比喻就能抓住他们的特征。就这样，她这样描写二十四岁的芭铎（Bardot）皇后："她代表男性不愿承认的欲望，他内心潜在的不忠——这使他趋向一种与他妻子相反的类型，一种他可以随意塑造直至死亡的'蜡做的女人'。"写了斯卡拉歌剧院的代名词卡拉斯（Callas）："过时的黝黑的脸。粗犷的五官。深海鱼类的大嘴巴，用来吞噬生活的无比巨大的嘴巴。她的脸不会弄虚作假。"还写了布尔之女帕斯卡尔·奥吉尔，写于1984年她离世后不久："巴黎在短短几天就为这位年轻的女子痴狂了。也就在这几天之内，当她结束那令人惊叹的工作，就在那个洒满月光的夜晚，帕斯卡尔死了。光彩会漫过一切，永远依旧，依旧。"

玛格丽特想是时候到摄影机另一边去了。《副领事》让她心力交瘁，她厌倦了写电影脚本，想要指挥一班演员，拍她自己的电影。这就是1966年拍摄《音乐》的缘起，她十九岁的儿子乌塔担任第二副导演，主要演员有在《去年在马里安巴》一片中表现出色的德菲因·塞里格和以演情场高手著称的罗伯特·何森。这于她是

杜拉斯拍电影

一个良好的开端，无论是拍电影还是做其他任何事，她都观点鲜明，说一不二。安东尼奥尼（Antonioni）、布列松、戈达尔、罗西（Losey）、梅尔维尔、卓别林、塔蒂（Tati）奠定了她的风格，同时形成了一个流派。她反复强调，她最喜欢的电影一直是1955年上映的查尔斯·劳顿（Charles Laughton）的《猎人之夜》（*La Nuit du chasseur*）。这部影片浓缩了多个杜拉斯式主题，首先就是那句反复吟哦的"女人们都疯了"。在杜拉斯的脑海中，罗伯特·米彻姆（Robert Mitchum）饰演的猎人象征着她的大哥，随小船漂流的两个孩子代表保尔和玛格丽特，河流意味着乱伦之爱。至于那个小女孩，她保守着父亲的秘密。滋生幻想的土壤。

说到戏剧，这个时代属于尤内斯库、迪比亚尔、贝克特，一切都受到荒诞作品的影响。玛格丽特写了两出新戏《莎伽王国》和《是的，也许》，她将这两出戏看成"政治的"，一出创造了一种新语言，另一出宣告了世界的终结。提出的目标：将先锋派戏剧与介入戏剧糅合起来。杜拉斯再次走在了时代的前头，预言了1968年的风暴。

她的私生活毫无进展，几位朋友的离世让她遭受了接连的打击。首先是她永远的朋友乔治·巴塔耶，随后是曙光中的男人艾里奥·维托里尼，最后是她的旧情人热拉尔·雅尔罗，1966年2月22日，他在圣日尔曼德普雷区的一个旅馆房间里做爱时猝死。这像是他的死法。杜拉斯在《说谎的男人》的草稿中谈论了这件事，这本书始终停留在初稿阶段："自从三十五岁患上心肌梗塞以来，您那极度的恐惧终于得到了解脱。由此得到了安慰，从女人身上得到了安慰。最终为她们而死。死在了这档事上，死在了女人身上。"男人那种令人无法忍受的轻佻。他终年四十三岁。

SOUS LES PAVÉS, LA PLAGE

街石之下是沙滩

  五十四岁的杜拉斯始终站在斗争的前线，她公开指责美国人对越南盲目发动战争。她对右派的憎恨一如既往，发自肺腑，不可动摇。她有叛逆精神。"搞政治，就是不再对世界忍气吞声"，她身着橙色卷领套头衫，通过电视发表以上声明，随后又在影片《卡车》中高呼"但愿世界走向灭亡，这是唯一的政治"——让·圭多尼在他的一首歌里引用过这句话。

  玛格丽特和她的朋友们迪奥尼斯·马斯科洛、罗伯特及莫妮卡·昂泰尔姆、莫里斯·布朗肖、让·舒斯特、路易-勒内·德福雷没有错过1968年的"五月风暴"。他们配合大学生的暴动：5月5日，他们与其他知识分子和艺术家会合，号召抵制戴高乐政权的喉舌法国广播电视局（ORTF）。13日，他们参加了揭露警察暴行的示威游行，警方在5月10日至11日夜间对拉丁区的大学生使用了暴力。5月20日，他们在哲学图书馆建立了"大学生—作家行动委员会"，委员会拒绝阶级社会。他们参加了攻占索邦大学的行动，呼吁公民反抗，希望国家消失。疯狂之夜、战斗和街垒，由此重生了革命的希望，改变世界的希望。玛格丽特向正在环球旅行的儿子描述了这些欢腾的日子。不管有没有根据，人们将许多口号当成她的发明。这些口号风格各异：前后矛盾的有"我们不知道自己会到哪一步，但这不是不前进的理由"，极端自由主义的有"该禁止的是禁止本身"，抑或充满诗意的"街石之下，是沙滩"，她的儿子让·马斯科洛否认最后这句口号的出处是她。无论如何，她发出了动人的声音："我们是永恒的。我们谱写的是未来的序曲。"幻灭接踵而来。在6月的国民议会选举中，戴高乐派大获全胜。更糟的是：8月21日，苏联坦克开进捷克斯洛伐克镇压了"布拉格之春"。玛格丽特再也不相信他们了。她感到万分揪心。写作的欲望消失了。她打算离开法国，就像那位逃往意大利的列奥·费雷（Léo Ferré）

杜拉斯拍电影

一样。接下来，她照旧扎进了文字堆里。这里是几页文稿，那里是一些片段，对玛格丽特来说，什么都没有浪费，一切诉诸她的笔端。1969年初，她修改了《空椅子》(*La Chaise vide*)的手稿，这部手稿脱胎于她写的一部短篇小说《子弹》(*Les Balles*)，从手稿和心底的绝望出发，她写出了《毁灭吧，她说》。打上杜拉斯印记的标题，搭配所有不定式动词，成了她的标签。然而，这一书名其实是综合了两位作家的想法。1968年后，理想破灭的杜拉斯提议"毁灭"，罗布-格里耶加上了著名的"她说"，仿佛是恭敬不如从命。

据她的说法，这部作品用十一天写成，题献给迪奥尼斯·马斯科洛，由午夜出版社出版，杜拉斯对自己主持该出版社的"断裂"丛书感到自豪。尽管她属于伽利玛大家族的一分子，她还是更换了出版商，1991年她才重新回到伽利玛出版社。她要推销她的书。这是第一要务。她只能靠自己。她孤身一人，不再年轻，她害怕面对贫穷。巴塔耶晚年大概只有五十法郎的收入，这样的窘境让她心寒。《毁灭》是一部政治作品，从叙事角度看支离破碎，却更加符合杜拉斯式主题：一组在森林边缘的公园（连同网球场）里徘徊挣扎的爱情四重奏。很快，杜拉斯将小说改编成电影。电影入围了纽约电影节和伦敦电影节，受到大西洋两岸影迷的热烈欢迎。玛格丽特每次出行都是为了向媒体介绍她的电影。人们赞赏她的先锋姿态和革命精神。一位评论家甚至用了"启示"一词。法国观众可没有这么友好，他们同意弗朗索瓦·努里西耶（François Nourissier）的论调："我们得拼命抑制自己想掐死电影人玛格丽特·杜拉斯的冲动。"

十年间，她横跨多种媒介，写下了类型各异的文本，她采用的视觉写作和对话体形式让她可以在多种风格间自由转换。例如，政治寓言小说《阿邦、萨芭娜和大卫》

杜拉斯拍电影

▼ 极左示威者占领期间，玛格丽特·杜拉斯与让·热内在法国雇主全国委员会（CNPF）大楼的阳台上。

在1971年变成了电影《黄色的，太阳》，年轻的萨米·弗雷在片中光芒四射。拍摄电影，团队作业，这也是一种摆脱孤独的方式，更重要的是，让她从写作中得到休息。杜拉斯解释道："我拍电影是为了打发时间。如果我能够什么都不做，我当然不会去做。正是因为我无法让自己无所事事，我才会去拍电影。不为其他。关于我的事业，这是我能说的最真实的话。"[48] 随后有了《娜塔莉·格朗热》，一部源于诺弗勒的影片，女人们自古以来住在这所房子里，杰拉尔·德帕迪约（Gérard Depardieu）在让娜·莫罗和露西娅·波塞的伴随下，从这里开始了电影生涯，接下来是《恒河

杜拉斯拍电影

175

▲ 1968年5月的海报"警察每晚八点与您谈话"张贴在巴黎的墙上,海报中是一名拿着话筒的防暴警察。

▶ 1968年5月10日,又称"街垒之夜"。拉丁区的盖-吕萨克街:燃烧瓶、烧毁的汽车、四散的街石……

杜拉斯拍电影

女子》（1972—1973 年），在 172 个固定镜头中，摄影机没有任何动作，滨海特鲁维尔的印象派光晕折射出一个古老的印度。

玛格丽特给自己找来两名年轻的摄影师布鲁诺·努坦和伯努瓦·雅克（Benoît Jacquot），他们为她拍摄黑白或彩色的影像，后来两人均成了电影人。拍摄全由家里人搞定：乌塔是剧组的摄影师，迪奥尼斯则自愿当演员。他们找回了圣伯努瓦街的集体精神。杜拉斯总共拍了十九部电影（其中包括四部短片），皮埃尔·德斯普罗日（Pierre Desproges）对此打趣道：

"杜拉斯不只写了一堆蠢话。她还把它们拍成了电影。"

她不以为意：她抛弃了商业电影的套路和叙事。她鼓吹另一种电影，一种不同的电影，反电影的电影，她追求的是无法看见和不可言说。

◀ 《黄色的，太阳》（1971 年）拍摄期间的玛格丽特·杜拉斯与萨米·弗雷（Sami Frey）。对于影片上映后遭遇的批评，她回应道："《黄色的，太阳》，它是一部电影。反电影属于电影。反文学属于文学。为什么不能有拍不成的电影，不可能的电影？"

▶ 182—183 页图：玛格丽特·杜拉斯执导或编剧的电影海报。"我不知道我是否发现了电影。我只是拍了它们。"

杜拉斯拍电影

181

MADEMOISELLE

JEANNE MOREAU

ETTORE MANNI

SCÉNARIO DE JEAN GENET

PRODUIT PAR OSCAR LEWENSTEIN PRODUCTEURS ASSOCIÉS NEIL HARTLEY - CLAUDE JAEGER

MISE EN SCÈNE DE
TONY RICHARDSON

UN FILM WOODFALL DISTRIBUÉ PAR LES ARTISTES ASSOCIÉS

JEANNE MOREAU / IAN BANNEN / VANESSA REDGRAVE
avec la participation de HUGH GRIFFITH et de ORSON WELLES avec ZIA MOHYEDDIN
un film de TONY RICHARDSON
LE MARIN DE GIBRALTAR
Scénario de
CHRISTOPHER ISHERWOOD / DON MAGNER / TONY RICHARDSON / d'après le roman de MARGUERITE DURAS
(Editions Gallimard)
Produit par
OSCAR LEWENSTEIN
Réalisé par
TONY RICHARDSON
UN FILM WOODFALL
Distribué par LES ARTISTES ASSOCIÉS

« PAGNOL, GUITRY, COCTEAU ET DURAS. CE SONT DES ÉCRIVAINS QUI ONT FAIT DES FILMS PRESQUE À ÉGALITÉ AVEC LES CINÉASTES ET ILS NOUS ONT AIDÉS À CROIRE AU CINÉMA PARCE QU'IL Y AVAIT UNE GRANDEUR ET UNE PUISSANCE DANS LEURS FILMS. »

"帕尼奥尔、吉特里、科克托和杜拉斯。这是几位拍电影拍得和电影人一样好的作家,他们给了我们对电影的信心,因为他们的电影中有一种崇高和力量。"

让-吕克·戈达尔
(《文学杂志》,1990)

MICHAEL LONSDALE LE VICE-CONSUL

迈克尔·朗斯戴尔，副领事

他是玛格丽特·杜拉斯的御用男演员。在与德菲因·塞里格共同出演的影片《印度之歌》中，他将他的外形、他的声音特别是他的叫喊赋予了副领事一角。从2001年起，他成为玛格丽特·杜拉斯奖评委会的荣誉主席之一。

"我和杜拉斯第一次真正接触要追溯到《英国情人》。这出戏 1968 年在国家人民剧院（TNP）的热米埃厅首演，导演为克洛德·雷吉（Claude Régy）。这部戏我们重演过好多次，女主角一直是有过'三个丈夫'（克劳德·道芬、让·塞尔韦和皮埃尔·迪克斯）的玛德莱娜·雷诺，我在戏中扮演调查者的角色。此外，雷诺-巴罗剧团的档期没有排满时，我们要么演出《哈洛与慕德》，要么演出《啊，美好的日子！》，要么演出《英国情人》。排练期间，玛格丽特统筹文字，修改台词，调整句序。我一直保留着一本叫作'抹布'的书，书页下面有玛格丽特画掉的句子、做的修改和写的脚注。

"从此，我们之间产生了一种默契。我们相处融洽，欢声不断，疯笑起来像两个孩子。她很风趣，只有涉及女权主义或政治的时候除外。她希望绝对正确，我却更想逃离。我出演了玛格丽特的三四部电影、戏剧《伊甸影院》和《夜舟》以及她改编的几部舞台剧，其中包括大卫·斯多瑞（David Storey）写的《家》。我还将《阿嘉塔》搬上了一座小剧场的舞台，又应女演员索尼娅·兰斯卡的要求执导了戏剧《印度之歌》。不过，电影《印度之歌》（1975）的拍摄真正完成了这部作品。副领事是我电影生涯最重要的角色之一。我克服了某种意想不到的东西。大声叫出对这个女人的爱，让我陷入了深深的慌乱。这不再是演戏或者拍电影。它属于心理剧的范畴。我再次想起这一刻的喊叫与泪水是在广播电台的一个下午，我们来这里为影片录音，和我一起来的有为安娜·玛丽亚·卡尔蒂配音的维维亚娜·弗雷斯特尔和那个唱歌的老挝小姑娘。生命中能够经历这些事真是不可思议。就像我们在一位非常富有的银行家的宅邸拍摄《毁灭吧，她说》时，玛格丽特和我，我们单独在一起，在钢琴前。她对我说：'弹点儿音乐'，然后在我弹琴的时候她写了

起来。以这样的方式参与创作真是奇妙。同样难忘的还有我因为感情太过投入,难以控制自己,差点两次离开《伊甸影院》的舞台,和我一同演出该戏的有布尔·奥吉尔和玛德莱娜(她饰演玛格丽特的母亲)。

"我喜欢杜拉斯作品的风格。这是一种极具个性的方式,不落俗套。她有她的世界。爱情是她生活中的大事,她从来没有完整地经历一段恋情——和扬或许还算有点儿完整——即便她的生活中充斥着男人。爱情浇灌了《印度之歌》,副领事的话实在难以置信:'您想跟谁一起生活都可以。这没什么大不了的。我们生来就是为了彼此,我们有一天会再见面的。'那时,我心想我们会听到'天堂'一词,可是没有。虽然她不肯用这个字眼,玛格丽特仍然是有宗教情结的。她无时无刻不在谈论上帝,阅读先知们的书对她的影响很大。她最让我感动的,就是这份对爱情的爱,对几乎是超自然的爱情的欲望。"

LE CINÉMA DES LETTRES

文学电影

杜拉斯观看，也给人不同的观感。"看"这个动词在她的作品中出现过多少次？这是她笔下和口中提到次数最多的词。她是否是通灵人，就像她母亲能够与丈夫的亡灵沟通一样？有人说她是现实的通灵人、预言家、占卜师。另外，她的床头书是儒勒·米什莱（Jules Michelet）的《女巫》，书中歌颂了善良的女人与受害者。她会久久地盯着一只垂死挣扎的苍蝇，将它飞的样子与写作相比："一首晦涩诗歌的无限可能在空中蔓延。"或者设想一张从没拍过的埃菲尔铁塔的照片，一张铁塔脚下掉落一枚螺栓的照片。或者走上谢尔什-米迪街，只为和一只名叫庞杜弗勒的猫咪打招呼，她在拍摄《娜塔莉·格朗热》时借用了这只猫。猫咪的主人热拉尔·辛格（Gérard Zingg）执导了1977年上映的《夜里猫都是灰色的》（*La Nuit tous les chats sont gris*），两人见面总是重复同样的对话。她说："你呀，你是疯子。"他说："你呢，你是艾尔·卡彭[49]。"她的形象一贯如此，一个独断专行、掌控别人的玛格丽特，与此同时，或许也是一个善于倾听、敏感、慷慨的玛格丽特。布鲁诺·努坦在《电

◀ "关于《印度之歌》我还有一件事要说。这是一件非常私人的事：我希望自己仍然在拍这部电影。我还没有从它已经拍完了这个事实中恢复过来。"

▶ 玛格丽特·杜拉斯谈到德菲因·塞里格："她的身材对于一个法国人来说高了点儿。她很苗条。身体非常美。有一双很蓝很蓝的眼睛。明黄的肤色。大多数时候是金发。"

杜拉斯拍电影

杜拉斯拍电影

◂ 杰拉尔·德帕迪约的评论（玛格丽特·杜拉斯的《娜塔莉·格朗热》开启了他的电影生涯）："犀利的大眼睛，善于倾听的耳朵和温暖的声音，我不常见到的一种沉默的气质。她让我们看到了沉默……这就好像是，我，我在前世和她一起，也曾经是女人。"

影日志》中回忆了他们初次见面的情形。"您是越南人吧？"她问道。这句问话一语中的，将年轻人引向隐秘的根源，在她作品的镜子里映照出了他自己。1975年，即便没有参与角逐，《印度之歌》还是迷住了整个夏纳电影节。一部经典之作，电影史上最伟大的影片之一，它被赞以"杰作""艺术的巅峰""作者的诗歌作品和电影作品的完美结合"。杜拉斯在1974年已经年满六十，她草拟了影片的剧本大纲："这是一个爱情故事，发生在印度的20世纪30年代，在恒河畔一座人满为患的城市里。这个爱情故事维持了两天，电影记述的正是这两天。季节是夏天的雨季。"在这部电影中，声音与画面分离，仿佛是一支久远的歌谣，布洛涅森林的罗斯柴尔德宫成了法国驻加尔各答大使馆，她小说中的人物轮流登场，其中包括身影时隐时现的安娜-玛丽·斯特雷特（德菲因·塞里格）和身着紧身无尾白礼服的副领事（迈克尔·朗斯戴尔），片中萦绕的由卡洛斯·达莱西奥作曲的伦巴音乐盖过了女乞丐的喃喃自语。激情的"顶点"，饥饿与麻风病的恐怖。大谈"减少演员"的杜拉斯展现了最好的自己。迪奥尼斯·马斯科洛说道："玛格丽特·杜拉斯不是一个拍电影的作家……她也不是一个为了拍成电影而改编作品的作家。经过一次极其特别的尝试，她开始用电影的方式写她的几本书。不过她一边重写这些书，一边投入了这样一项工作，这项工作与其说是完善这些书，不如说是怀疑它们：试图榨干它们，好像她在向它们索要一个不可能完成的结局……"在她生命的尽头，她说《印度之歌》是她唯一的电影。这并不妨碍她拍摄其他影片，在她没有以左翼的身份积极活动的时候：她对"人民事业之友"的组织给予支持，《人民事业》是萨特主编的一份极左刊物；1972年，一名年轻的左翼无产阶级工人在一场示威活动中被雷诺公司的保安打死后，她与迪奥尼斯·马斯科洛共同起草了一份宣言《论战士的责任》

杜拉斯拍电影

▶ 1971 年，影片《黄色的，太阳》拍摄期间。

（*Sur la responsabilité du militant*）；1975 年，为了和平、自由和反对武力，她参加了抗议皮诺切特将军独裁统治的运动。与此同时，她拍摄了大量影像，尝试了多种风格，无论哪种风格都属于实验电影的范畴："在电影方面，由于我对已经拍成的电影有一种厌恶，至少是大部分拍成的电影，我想用一种非常基本的手法来重新拍摄电影……这种手法很简单，很原始，几乎是：一动不动，一切重新开始。"[50]

在让-吕克·戈达尔之前，她就敢于拍没有画面的电影，在屏幕上留下一些阴影。仅仅 1976 这一年，她就连续拍摄了三部影片：《在荒凉的加尔各答她名叫威尼斯》，用的仍然是《印度之歌》里的声音，画面结合了长长的移动镜头和荒芜之地的全景镜头；在《成天上树的日子》中，玛德莱娜·雷诺一如既往饰演她的母亲；《巴克斯泰尔，薇拉·巴克斯泰尔》的观众绝大部分是女权运动的支持者。1977 年，她充当临时演员，钻进了卡车驾驶室，"上了年纪的夫人们可不会去那儿"，与杰拉尔·德帕迪约用条件式过去时有一搭没一搭地聊着影片应有的样子，以这种方式避免了演戏。玛格丽特对于自己的主张态度鲜明。在她为《卡车》——一部关于电影的影片——所写的摄制介绍中，她抨击了电影这门第七艺术："电影限制了剧本，也葬送了由剧本衍生的想象。封闭和限制想象，这就是电影的功能。这种限制，这种封闭，称为影片。好还是坏，出色还是拙劣，影片代表了这种最终判决。演出一旦定影，永远不容改变。"[51] 通过她的实验，杜拉斯——她想尽一切可能拉开对白与画面的距离——反而为观众的想象力开辟了空间。《卡车》入围戛纳电影节。它没有斩获金棕榈大奖。杜拉斯在那儿得到了一个新绰号"高速公路圣母"。

杜拉斯拍电影

LE LOOK DURAS

杜拉斯款式

"我嘛,确实没有必要把美丽的衣装罩在自己身上,因为我写作……

男人喜欢女人写作。他们只是不说出来。

一个作家,就是一片奇异的土地。"

她称之为"M. D. 制服"。20 世纪 70 年代,杜拉斯找到了她的风格:一件无袖坎肩,一件卷领套头衫,一条直筒裙,一双短靴。搭配一副粗框眼镜,没有手袋。"对特定服装的考求,在于形式与内容、自以为表现出来的与想要表现的、自以为是那样与期望通过所穿衣物暗示出来的两方面的一致。获得这种一致也不一定非去追求不可。一经得到,就确定下来了。"她在《物质生活》的访谈中如是说。这源于她的心结:个头太小。玛格丽特苦于自己不是一个风情万种的美女,不能惹路过的男人纷纷为她回头。穿上她的制服,烦恼就会少一些……"这种困难,这个问题,给我的一生都打上了烙印:为了不让人家注意一个特别矮小的女人,我在着装上刻意不引人注目。为了避免人们谈到我的身高问题,我总是穿一成不变的衣服。这样他们注意到的是事实的千篇一律,而不是事实产生的原因。"不过,杜拉斯有天生的时尚嗅觉。她关注女人的穿衣方式,懂得恭维她们,还撰文称赞伊夫·圣洛朗的设计。裙子是她作品中反复出现的幻象,标志着极端的女性特质。杜拉斯的诱惑在别处。

YANN ANDRÉA
OU
LE DERNIER
AMOUR

扬·安德烈亚
或最后的爱情
1977—1982

« VOUS
ÊTES
LE CAS
DÉSESPÉRÉ
DE
MON
DERNIER
AMOUR. »

"你是我最后绝望的爱情。"

现代出版档案馆

档案 / 书信（《大西洋人》）

▼ 黑岩的大厅，玛格丽特的公寓。

"特鲁维尔，是我现在的家。它取代了诺弗勒和巴黎。我就是在这里结识了扬。"

扬·安德烈亚或最后的爱情

酒又回到了她的生活。1975年，她重新开始饮酒。起先是一小杯白葡萄酒或玫瑰红葡萄酒，后来是两杯香槟，很快，便成了成箱成箱的红葡萄酒，劣质、廉价，是她从街角的超市买回来的。间歇期持续了十年。玛格丽特五十岁时，医生诊断出她患有初期肝硬化，她便一个人戒了酒。她喝酒的习惯是跟母亲——地道的北方姑娘——喝啤酒开始的吗？还是跟父亲学的？她父亲跟所有殖民者一样，喝马泰尔—巴黎水[52]和潘诺茴香酒。有一件事是肯定的：与雅尔罗的邂逅是造成她酗酒的决定因素。随着时间流逝，酒成了一位伴侣，以前是威士忌、苹果烧酒或韦莱利口酒，现在是葡萄酒。它用欢愉粉饰了绝望，可以抵御无眠的长夜。酒精只有在和人、和写作一起的时候才会淡化。她隐居到诺弗勒那座孤独的寓所，将特鲁维尔暂时抛开。"因为我决定应该在那里独自一人，独自一人来写书。事情就是这样。我独自待在这座房子里，它成了写作之家。我的书出自这座房子。"[53]

这是段男人—情人休假期，或者说是露水情缘期。她周围都是女人——据说她与其中一位有过恋情——和同性恋。友情似乎超越了爱的激情。作为女性事业

▲ 玛格丽特·杜拉斯参与女性杂志《女巫》，该杂志由格扎维埃尔·戈蒂埃创立于1976年，宗旨是将话语权赋予女性，抒发她们的创意。

▶ 202—203页图：1971年11月20日，为争取堕胎合法化，妇女在巴黎举行国际化的大游行。

扬·安德烈亚或最后的爱情

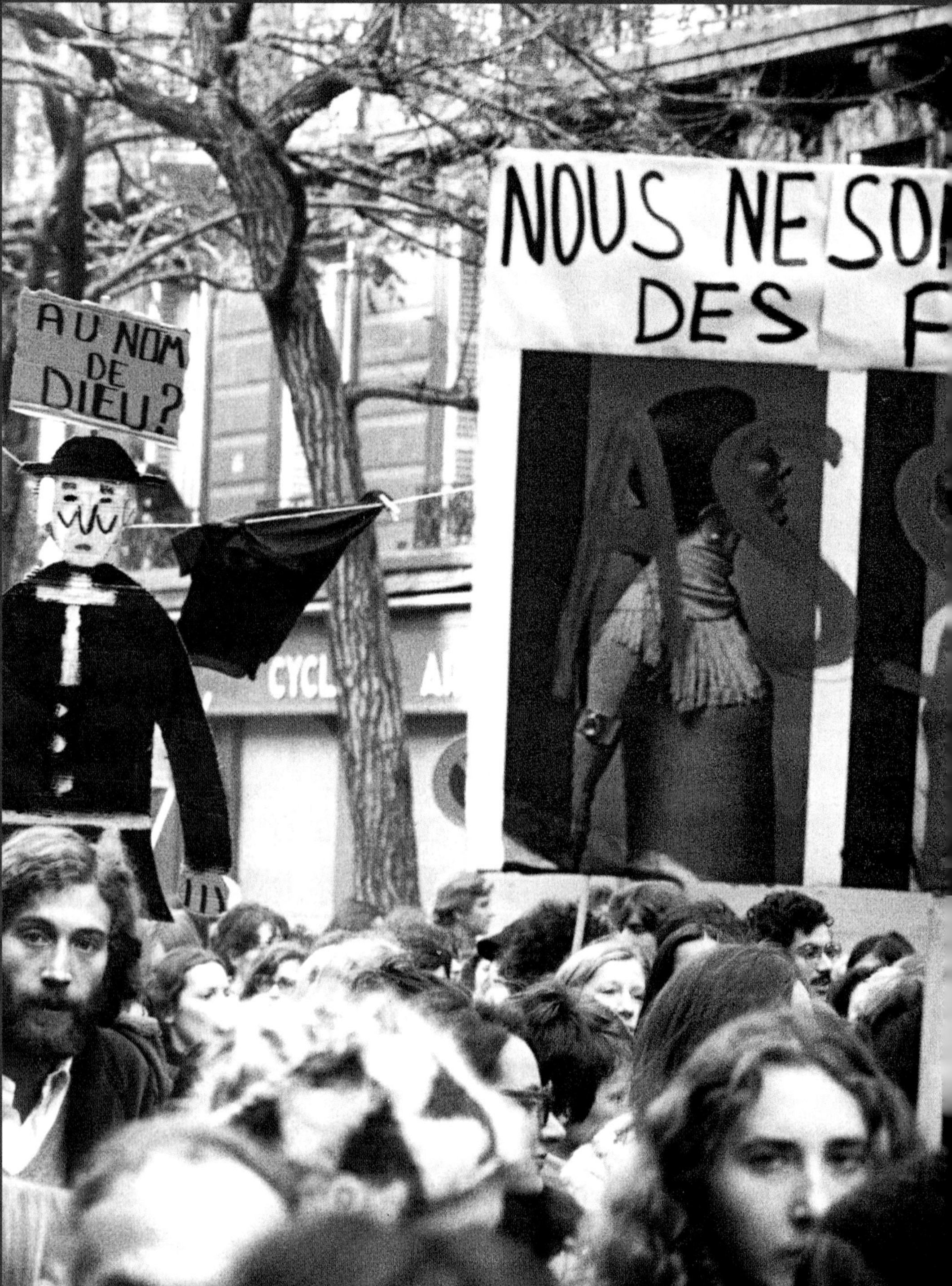
AU NOM
DE
DIEU?
NOUS NE
DES

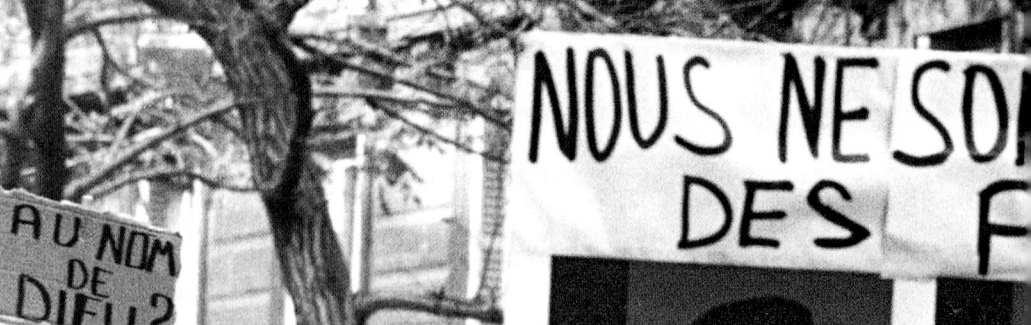

的标志，杜拉斯支持 MLF[54]，但她并不想被它利用。1971 年，她与弗朗索瓦兹·萨冈、凯瑟琳·德纳芙、让娜·莫罗等人一起，在西蒙娜·波伏瓦起草的《343 宣言》(Manifeste des 343)上签了名，即后世所说的《343 名荡妇宣言》。在宣言中，妇女声称曾经堕过胎，要求免除对堕胎的处罚并自由避孕。1974 年，她把与哲学家格扎维埃尔·戈蒂埃的谈话整理成书。1976 年，正值"妇女十年"的黄金时期，女性杂志《女巫》创刊，她参与了此事并给杂志写了文章，但她坚持自己的独立立场。

在这一时期，米歇尔·芒索（Michèle Manceaux）经常在诺弗勒碰到她：她俩是邻居，相隔仅几步远，沿着旧磨坊的那条小路，从格勒里埃尔街下去到古蒂埃尔街。在《闺中女友》一书中，这位记者兼作家为公众作家描绘了一幅感性的肖像，展现了这位不遵从教条的激进分子的另一面。人们从中可以看到一个羞涩、有趣而善良的玛戈，她因学会了用炉子或用胜家牌缝纫机制作和服便喜不自禁。由于逝去的时间也是写作的时间，她的创作仍在继续，不可避免：一部剧本《伊甸影院》，玛德莱娜·雷诺完美地诠释了《堤坝》的主题；一部具有明显杜拉斯风格的叙事作品《夜舟》，讲述的是两个素未谋面的陌生人在电话里爱上了对方，它很快便被拍成了电影；短片《塞扎蕾》和《否决的手》，这两部是真正的颂歌；此外还有短片《奥蕾莉娅·斯坦纳（墨尔本）》和《奥蕾莉娅·斯坦纳（温哥华）》，一部为爱情祝圣，另一部谈到了犹太籍。

▶《343 宣言》，由承认曾堕过胎的女性联名签署的宣言，1971 年 4 月 5 日刊登在《新观察家》上。

扬 · 安德烈亚或最后的爱情

扬·安德烈亚或最后的爱情

MICHÈLE MANCEAUX LA VOISINE

米歇尔·芒索,女邻

记者兼作家米歇尔·芒索曾与玛格丽特·杜拉斯有过三十年的来往。《闺中女友》一书记录了这段非同寻常的友谊。

"我想念玛格丽特,因为她异于常人。她的思考总是别出心裁,不合常理。她特别喜欢 7 月 14 日的游行,要在电视上一连看几个小时的阅兵。我喜欢她爱说笑的一面,这与人们想象中的她相去甚远。不过她的确十分有趣,无论是有心还是无意。她说的话是那样惊世骇俗,总能引人发笑。她总能看到别人好笑的一面,然后嘲笑他们。对此我们心有灵犀,像躲在门后的小女孩一样偷笑。对于生活中的这种即兴喜剧,我深感怀念。剩下的呢?智慧,书籍,这些东西从未离开过我们。我通过西比翁认识了她,一天晚上,他带我去了她在圣伯努瓦大街的家。那里有爱德加·莫兰、艾里奥·维托里尼、克洛德·鲁瓦……这些人都经常来往于圣日尔曼德普雷区。我十分年轻,惊慌失措,直到离开也没说一句话,但能够被这样的圈子接纳,我充满了幸福感。后来,由于我的朋友弗朗索瓦丝·斯皮拉出演了她改编的一部戏剧,我又见到了玛格丽特。她们俩在诺弗勒堡都有房子,便鼓动我住到村子里,去吃山羊奶酪。最后,我在弗朗索瓦丝家对面买下了一幢房子。我们组成了一个女人帮。玛格丽特略微年长,便当起了帮主。'你我不能闹翻,远亲不如近邻。'但这并不妨碍后来我们还是闹翻了。在诺弗勒,她跟整个村子里的人都是朋友。她与人聊天,跟肉店老板亲密无间,跟咖啡馆老板更甚,因为她会在吧台喝上一点。她对村子里的生活感兴趣。她参加了市镇选举,还为此列了一个单子。她的计划像一首关于树的诗。她骨子里是一位生态主义者,对待大自然十分警醒。有时,我们去参观她注意到的一棵树。我心想她为何那么喜欢树。我装出感兴趣的样子——尽管我总会说出心中所想——欢呼'噢!这棵树真美',这么做是为了让她高兴,为了留住她的友谊。

"玛格丽特布置家具的方法极为特别。没有什么东西是搭的,一切都不成对,这是

她逛跳蚤市场的成果。这打开了我的视野。我想象不出竟然能有这么多不一样的碟子。在我看来，餐具应该要用成套的。她对这些礼数成规嗤之以鼻。总有垫子和旧花边就要用烂了，扯坏了，磨破了。她说：'如果一个人在一件事情上有天赋，那么他在所有事情上都有天赋，做果酱也好，写作也好。'我同意她的话：真正的智慧，存在于生活的每个细节中。她的大脑中有些鲜活的东西。她会用缝纫机，用一些不可能用的布料给扬做衣服。对于这些琐事，她总是兴趣盎然。必须要承认她很吝啬。虽然这是最大的缺点，但我对她很宽容。我觉得她是真正经历过贫穷的人。她餐桌上是苹果酒和馅饼，而不是香槟和鹅肝。

"关于在她家或我家度过的这一个个夜晚，回忆依旧历历在目。总的来说，她永远都是谈话的中心。她像节拍器和乐队指挥一样，活跃气氛，挑起兴致。从来不会有冷场的时候。只有一次，她没有开口。我邀请了村里的另一个邻居弗朗索瓦丝·多尔多。她惊呆了，被这个一直谈论孩子和心理分析的女人迷住了，这个人谈话的方式毫无理论性可言，也绝不是在教训人，但是简单、实用。三十年以来，我一直知道我生活在一位伟大作家的身边。跟她比邻而居，能够观察这个完全专注于工作、从未离开过纸的女人，这让我欣喜若狂。一个世纪能出几位作家呢？三个、四个……虽然每年文学秋潮都会有六百多部小说问世。"

« J'AI ÉCRIT DANS L'ALCOOL, J'AVAIS UNE FACULTÉ À TENIR L'IVRESSE EN RESPECT QUI ME VENAIT SANS DOUTE DE L'HORREUR DE LA SOÛLOGRAPHIE. JE NE BUVAIS JAMAIS POUR ÊTRE SAOULE, J'ÉTAIS RETIRÉE DU MONDE MAIS PAS SAOULE. »

"我曾经在酒精中写作,我有一种让醉意望而却步的能力,它或许是源自酗酒给我的恐惧。我喝酒从来都不是为了买醉,我感觉从人世间抽身而退,但不会酩酊大醉。"

《物质生活》

L'ÉTÉ 1980

80年夏

特鲁维尔下着雨。80年夏注定阴沉。玛格丽特接受了《解放报》总编塞尔日·朱利的提议：在这个夏天，为他负责的时事专栏写一系列文章，每周一篇。她在黑岩旅馆的阳台上，看着芒什海峡潮湿的海岸，她把那里统称为大西洋。她一边看着电视里的报道，一边发着牢骚。一切都逃不过这位作家的慧眼，她把对世界的看法诉诸笔端：格但斯克罢工的工地、灰眼睛的孩子、乌干达的饥荒、会说"拉凯特，拉凯塔蓬"的鲨鱼、莫斯科奥运会、夏令营的年轻女辅导员、伊朗国王的葬礼、天空中的风筝、喀布尔的俄国坦克……她用黑墨水笔写作，用打字  机打字，过分仔细地修改。她的专栏令日报读者屏息凝神。午夜出版社出版《80年夏》后，销量很快达到了七万册，这令她心满意足。她把习作变成了不同寻常的文本，将虚构与现实融为一体。

1979年，在《夜舟》的前言中，杜拉斯宣称她将重拾笔墨：一般来说，她认为夸张造就风格。但在《80年夏》中，朴实的风格造就了纯净的语言。杜拉斯深

> ▶ "对，就是这：《80年夏》中的海，是我未曾亲身经历过的，我把它写进书里，就因为我或许未曾亲身经历过。在我整个一生中，总有这般的白驹过隙。"

扬 · 安德烈亚或最后的爱情

◀ 玛格丽特·杜拉斯在诺曼底散步。勒普德勒,1980 年。

谙如何嵌入沉默的词语,让它们熠熠生辉。在其某一版电影作品的后记《工作与词语》(Work and words)中,她给出了这样的启示:

"某些关键词甚至存在于日常生活之中,独立于任何语法之外:

例如夜晚一词,阳光和夜晚,时间一词,工作一词,桌子一词,房子一词,死亡一词,风一词,花朵,饭菜,平,平淡,大海,沙子,无限,吃饭。"她把它们投向空中,任它们随风而逝……

1980 年 7 月 29 日,星期二,扬·勒梅轻叩黑岩旅馆她家公寓的大门。他是从冈城坐公共汽车来的,从一间电话亭打来电话。"来吧,带一瓶红葡萄酒来。"她命令道。时间过得飞快。想回去已经太晚。"别花钱住旅馆,而且,到处都满了。我儿子的房间空着。他不在,你可以在那儿睡。"留下来,这意味着改变他命运的走向。这个年轻人,他可曾知道,走入这位作家的生活,也就走进了文学?很快,她给他取了个新名字,扬·安德烈亚,抹去了父亲的姓,加上了母亲的名。后来,她虚构了一个犹太姓氏,扬·安德烈亚·斯坦纳。实际上,杜拉斯笔下的一个人物便是以扬为原型塑造的。"一切都可以开始了,因为她给我取了名字,因为这个名字被写在了一本书中:《80 年夏》",他在《这份爱》中这样清醒地总结道。甚至走进了文学史,如果这也算的话。杜拉斯认为男人们总是嫉妒女性作家,用她夸张的话说,

扬·安德烈亚或最后的爱情

他们永远也不会从中恢复过来。但如果写作的女性性感十足,那就另当别论,况且杜拉斯的书就颇具魅力。扬迷上了她笔下的一个人物。他从《塔尔奎尼亚的小马》开始读,还开始喝康巴利苦开胃酒。接着他阅读了她所有的书,整段整段的文字他都烂熟于胸。1975年的那天,这位作家来到他所在的城市,在卢克斯影院介绍《印度之歌》,他鼓起勇气说:"我想给您写信……寄到您的出版商那里……"

"不,寄到我家来,圣伯努瓦街5号。"她打断他的话。

他一连写了五年的信,漫长的五年,杳无音讯。直到1980年3月,一张纸打破了沉寂:

"我想待在您身边。"

▲ 扬·勒梅,改名为扬·安德烈亚。玛格丽特·杜拉斯把《80年夏》题献给了他,之后写了扬·安德烈亚系列。

扬 · 安德烈亚或最后的爱情

LUNE DE FIEL

苦月

　　他二十七岁，她六十六岁：相差近三十九岁。差多少又有什么关系呢？爱情是不分年龄的。她以为遇到了天使，而他以为遇到了此生最爱的作家。她爱上了爱情，他爱上了她的书。杜拉斯在书中谈到激情致命的一面，说没有谋杀或死亡的爱情是不可能存在的。他们的生活就像一部小说。他们反反复复地听埃尔韦·维拉尔（Hervé Vilar）的唱片《卡布里，完了》（*Capri, c'est fini*），总是开车去卡布尔或翁弗勒尔兜风，在黑岩大厅喝很多酒。出于嫉妒，她曾试过把他关进公寓的一个房间里。为了让他有事做，她把自己在媒体上发表的文章给他，让他去分门别类。这些文章后来成了一本文集《外面的世界》。他被晋升为秘书，之后还是知己、司机、护士和伴侣——这种关系一直持续了十六年——但他并不是她梦想中的情人。只有一次，他们做过爱。扬是同性恋，他喜欢男人。但玛格丽特离不开情欲之爱。他们经历着这种不可能的爱情。争吵、尖叫与妥协、承诺轮番上演。玛格丽特把他赶了出去，她再也受不了他了，扬又回来了，她说他没有一点自尊，拥抱了他。另一个剧本：他离家出走，去布宜诺斯艾利斯或其他地方猎艳，找英俊的酒店服务生，还反客为主奚落她，例如骂她是"诺曼底海滨的妓女"（1986年，她用它作了一本书的书名）。

　　出走—回来。他们互相撕扯，酒喝得越来越多，但是离不开彼此。他们的爱情游行如同死神的舞蹈。她给他写信：

"罪过就是：让我相信别人还会爱我。"

扬·安德烈亚或最后的爱情

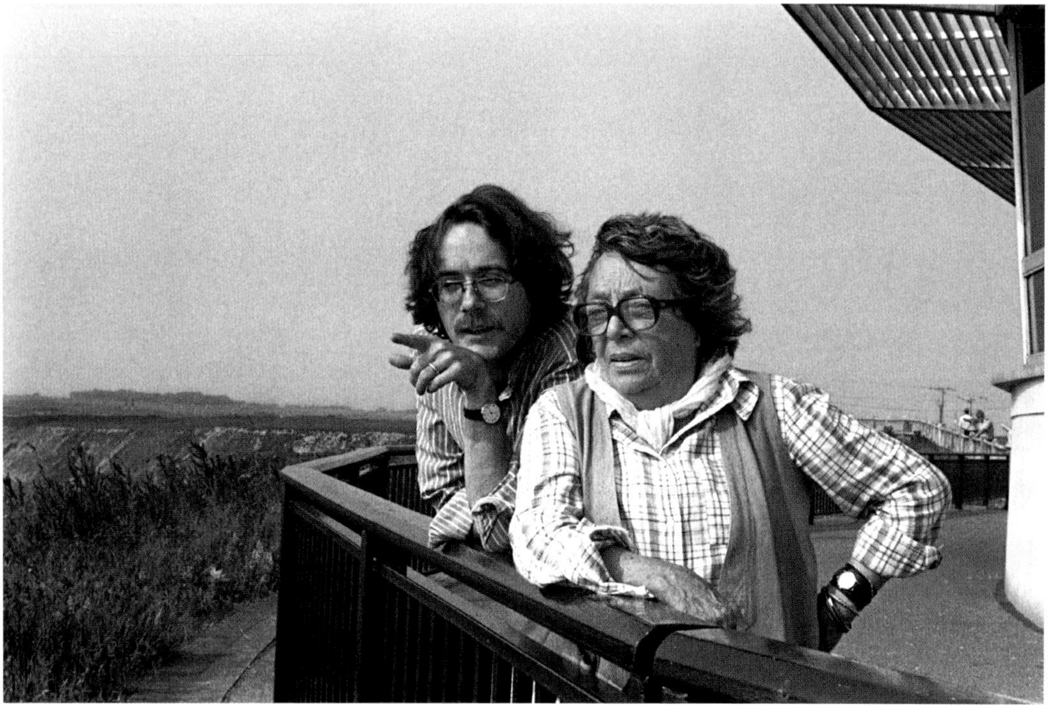

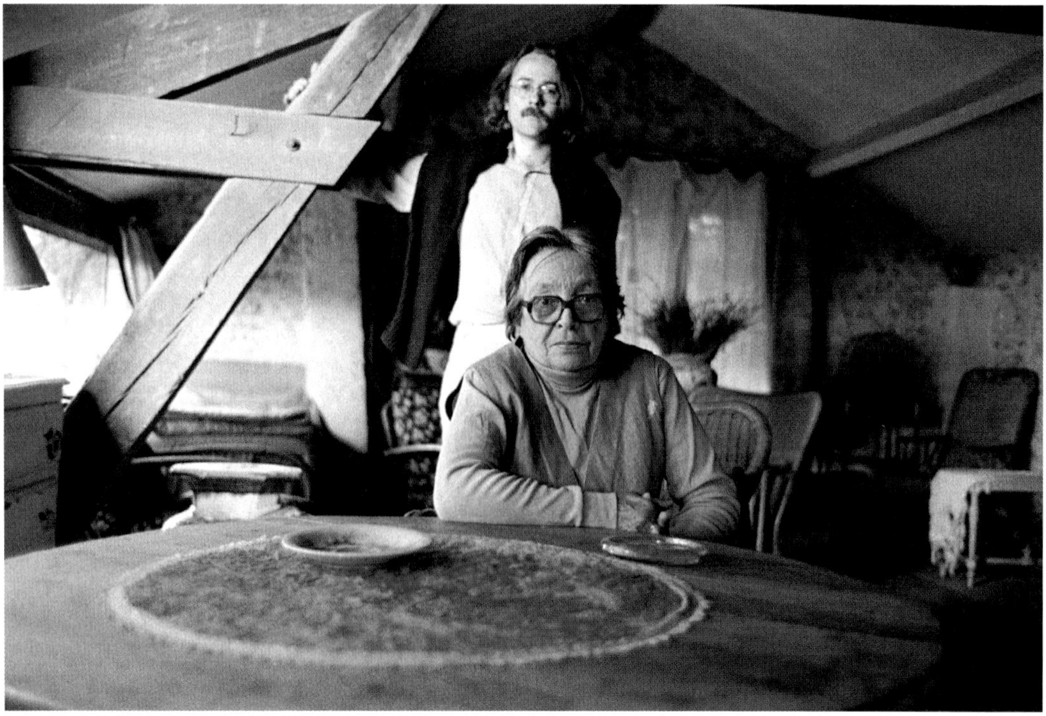

或者:"我们之间的爱难以为继,同时又达到了辉煌的顶点。"又或者:"我已时日无多,这是自然,但你的爱丰盈了这最后的时光。"怎么办?杜拉斯的途径,便是写作。她知道走出个人小情小爱唯一的方法,便是把它写出来。她经常这样说,但什么也不做,再后来有了一页纸……她一直采用口述……千头万绪渐渐浮出水面,这个富于想象的人找到了出路。扬乖乖地睡在她旁边,第二天看到她平安无事,她也不再指责,她只是写作。这次写的是《阿嘉塔》,一段发生在兄妹之间的不伦之爱,很快,她将其改编成了电影《阿嘉塔或无限的阅读》(1981)。谁将与布勒·欧吉(Bulle Ogier)合作,饰演阿嘉塔的哥哥乌尔里克呢?与这一形象重叠的,是玛格丽特的"小哥哥"保尔。很快便做出了决定:由扬·安德烈亚来演。自此之后,他在杜拉斯的世界里扮演起"这个静默无语,桀骜不驯,同时又十分英俊,学业上有些落后,十分可爱的小男孩"形象。影片在特鲁维尔拍摄,那是他们相遇的圣地。1981年春天,杜拉斯告知《新文学报》的读者:

"投票支持吉斯卡尔,也就是反对莱赫·瓦文萨。"

◀ 扬·安德烈亚和玛格丽特·杜拉斯,1980年。
"您说:咱们去看看海吧。我们来到阳台上。勒阿弗尔的大油罐看得清清楚楚,油船一动不动,等待进入昂蒂弗港。孩子们在游泳……我们又回到桌边,继续写作,恐惧被暂时忘却了。酒瓶空了。您重读三页打好的文字。您说:我不知道这有什么价值。"

扬·安德烈亚或最后的爱情

五月，总统广受拥戴的时期并没有惠及玛格丽特：弗朗索瓦·密特朗当选总统，但扬又一次出走。几个月后，她陪同新任总统到美国进行正式访问。在此期间，为了敦促扬回来，她写了《大西洋人》，如同一封浸透了传道书色彩的情书。需要说明的是，《圣经》就摆在她的床头柜上，与拉辛、司汤达和普鲁斯特的作品放在一起，就在《克莱芙王妃》(*La Princesse de Clèves*)旁边。像往常一样，她把这本书搬上了银幕，并赋予了它鲜明的特征。她部分采用了电影《阿嘉塔》被剪掉的镜头，选择了由这位年轻人来做她独一无二的演员。启程驶向杜拉斯的领地，这般诱惑如何抵挡？扬·安德烈亚欣喜若狂，追随她来到了国外，来到了她介绍电影的地方。他最大的乐事是什么？读杜拉斯的书。他唯一感兴趣的事是什么？协助她完成著作。他根据她的口述写了《萨瓦纳湾》，该剧本是为布勒·欧吉和玛德莱娜·雷诺量身定做的。

◀ 1981年5月21日，弗朗索瓦·密特朗就任，在先贤祠向让·穆兰和让·饶勒斯致敬。新任总统与这位女文人有着长达四十年的友谊，她随团参加过一次官方出访，还是他的晚间访客之一。

扬·安德烈亚或最后的爱情

MARGUERITE ET LE PRÉSIDENT
玛格丽特和总统

两个十足的"魔鬼"。1985年7月到1986年4月,《另类日志》(L'Autre Journal)主编米歇尔·比代尔策划了一系列访谈,弗朗索瓦·密特朗与玛格丽特·杜拉斯再度聚首,此时,他们已经分别属于历史和文学的范畴。一个在1981年当选共和国总统,另一个在1984年出版《情人》荣膺龚古尔文学奖,该书也成了世界畅销书,随后在1985年,她又出版了《痛苦》记叙了被关押在集中营的丈夫罗伯特·昂泰尔姆被营救回来的经过,是密特朗在达豪找到的他……很自然地,他们谈到了青春,谈到了抵抗运动的岁月,悲剧性的非常时期,在他们的命运还没尘埃落定之前。玛格丽特还嗅得出密特朗抽过的英国香烟的味道,惊呼:"那天晚上,我明白我们加入了抵抗运动,知道木已成舟。"① 在名为"杜班街邮局"的第一次访谈中,他们回忆了组织成员,尤其是玛格丽特的丈夫和小姑子落入的陷阱。会谈在作家公寓进行。密特朗很高兴有机会细说往事,他希望继续交流。于是访谈在爱丽舍宫继续,谈到了政治、权利、死亡、冒险……直到总统不想再谈,他觉得杜拉斯的口味有点过于"里根"了。米歇尔·比代尔认为会面并不成功，说这两个人"离得开世界，却离不开他们自己"，"堪称男版和女版的唐·璜"，而弗朗索瓦·密特朗的女儿玛萨琳·班若从中看到的"首先是友谊，而不是和玛格丽特对话这件事，回顾他们的相遇，共同面对死亡时的恐惧"。这两人的确忠诚地爱着对方。杜拉斯是密特朗坚定的追随者。她对他怀有无条件的敬仰，这与她对右派的厌恶是一致的："哪怕他失败了，我也会继续相信他。"② 她从来不会忘记把自己写的书寄给他。每次，他都会确认收到，并打电话跟她谈论书中的内容。"我喜欢她凝练的风格……人们可能觉得它过于平淡无味。但如果用心看，就会发现并非如此。有什么出人意料的东西赋予了它色彩和动感。"③ 1994 年春天，他们在一家餐馆不期而遇，这是他们最后一次见面。玛格丽特端坐着，穿着那双小雨鞋：

"事情是这样，弗朗索瓦：自一段时间以来，我的名气已经比你大多了，而且在全世界都是这样。这真令人吃惊，不是吗？"

"不，我并不感到惊讶，这一点我很清楚。"④ 密特朗冷静地回答道，然后拥抱了她。这是最后的对话。自此他们再未见面，之后相继离开了人世。密特朗逝世于 1996 年 1 月 8 日，玛格丽特·杜拉斯逝世于同年 3 月 3 日。

① 《杜班街邮局和其他访谈》，Folio丛书，伽利玛出版社。
② "欧洲1号"广播网访谈，1984年。
③ 《新观察家》访谈，1994年。
④ 《杜班街邮局和其他访谈》，FoLio丛书，伽利玛出版社。

LA MALADIE DE LA MORT
死亡的疾病

杜拉斯自诩无所不知。当她思考的时候，会把脖子缩进卷领套头衫里，这是要宣布最终决定的前奏。一些毒舌之人把她比作两栖动物，甚至说她像当檐槽喷口的动物石像。有人研究过她的动作。她把前臂放到桌子上，然后摆弄两只手，其中一只手上傲然戴着三颗钻石，像戴了个铁拳头。即使她的过激言辞只是引人思考，情绪发作也常常转瞬即逝，但她还是表现得过了。那段时间，同性恋成了她着重攻击的靶子，这片黑暗的陆地将她与扬·安德烈亚隔绝开来，"彻底剥夺了爱情"。对她而言，情欲跟激情一样，只能发生在男女之间，发生在异性之间，发生在不可调和的这两类人之间。这是来自诺弗勒的皮提亚[55]的神谕：

"所有的男人都是同性恋。所有的男人都可能是同性恋，他们只是还不自知，或者没有向别人讲述证明他们是同性恋的事件或迹象。"[56]

1982年夏天，她用两个月的时间写了《死亡的疾病》。两个陌生人被关在旅馆房间里。男人付钱给女人为了尝试去爱她。床，还有床单上的褶子，象征着裹尸布。男人患了不治之症，但他自己并不知道。女人的衣服和头发散发着天芥菜和枸橼的

▶ 玛格丽特·杜拉斯和扬·安德烈亚。"我不能——我所有的书都在呼喊——离开爱和情欲……我们将会走向哪片恐怖又充满柔情的温吞水？"

扬 · 安德烈亚或最后的爱情

味道。无能为力的悲剧，讲述死亡冲动的故事，唐·璜传奇的重新阐释，对同性恋的控诉，跟这个与她共同生活的男人的清算，正如人们所说，这本书的标题带有一种病毒，影射着艾滋病。她"泡在酒缸里"向扬口述了这个长达五十七页的故事。她把自己弄得跟一个流浪汉一样。她脸色灰青，手颤抖着，腿也疼。她不想洗脸，不想换衣服，不想走路。米歇尔·芒索没有下定决心离开诺弗勒。她觉得这位朋友的生命岌岌可危，觉得这是她最后一个夏天了。她帮忙介绍了一位医生，这位医生有幸得到了玛格丽特的好感。所有人都在催促她赶紧治疗，玛格丽特最终同意了。1982年10月21日，她被送进了塞纳河畔讷伊的美国医院。11月10日，她又回到了圣日尔曼德普雷的公寓。在此期间，她在生死之间徘徊了三周。扬记录了这次戒毒治疗的过程，带有鲜明的杜拉斯风格。《玛·杜》首先是一曲爱的告白。[57]

◀ 玛格丽特·杜拉斯在诺弗勒堡，1980年。"我书中所有的女人都住在这座房子里，无一例外。只有女人会住在某地，男人不会。"
▲ "独自一人跟尚未写完的书在一起，就像处在人类最初的混沌里。"

扬·安德烈亚或最后的爱情

« TOUT LE MONDE DIT QUE VOUS ÉTIEZ BELLE LORSQUE VOUS ÉTIEZ JEUNE, JE SUIS VENU POUR VOUS DIRE QUE POUR MOI JE VOUS TROUVE PLUS BELLE MAINTENANT QUE LORSQUE VOUS ÉTIEZ JEUNE, J'AIMAIS MOINS VOTRE VISAGE DE JEUNE FEMME QUE CELUI QUE VOUS AVEZ MAINTENANT, DÉVASTÉ. »

"人人都说你年轻时美,我来是为了告诉你,我觉得现在的你比年轻时更美,比起你年轻时的相貌,我更爱你现在备受摧残的容颜。"

《情人》

PARLEZ-VOUS DURAS ?

Approche d'un style en 10 tics d'écriture

你会"杜拉斯体"吗？
十大行文怪癖解析杜拉斯风格

使用"一点儿也别"
在词语后面加修饰词"一点儿也别"，这种方法是其风格不可或缺的一部分。无论是在书面还是口头，她都会用这种表达方式，甚至写菜谱的时候也会用到。因此在做"羊乳干酪炒鸡蛋"时：要把奥弗涅蓝纹奶酪融化在牛奶里，不要放黄油，一点儿也别放……

夸张
玛格丽特身材矮小，措辞却喜欢夸大。在她的作品中，夸张是第二属性。小花园成了公园，拉克莱伊夫林的大雪松成了千年古树。她钟爱诸如"绝妙的"这类形容词以及以"-ment"结尾的副词。因此，她在《解放报》上发表了文章：《绝妙的，必然绝妙的克里斯蒂娜·V.》。

矛盾修饰法
这种修辞方法是指连用两个意思相反的词。因此在电影《广岛之恋》的标题（差一点定为《你什么都没看见》）中，惨痛的核灾难与爱的告白形成了鲜明的对比。那段绝妙的对白反映出纯粹的杜拉斯风格："你害了我，你对我真好。"这一充满诗意的可怕的柔情在尤瑟纳尔的口中却被讥讽为"奥斯维辛我的爱"。

条件式过去时
这种儿童游戏时常用的时态，也是杜拉斯写作的时态……
这种创作方式展现在读者面前如："每天，她可能会来。每天，她都来。"（《死亡的疾病》）在电影《卡车》中，"前奏式条件式"成了一个真命题："这可能是一部电影。（停顿）这是一部电影。"现实与虚构之间的界线不复存在。

重复
克洛德·鲁瓦和阿兰·罗布-格里耶都曾把玛格丽特·杜拉斯与埃迪特·琵雅芙做比较。重复使得她的文本更像叠句、连祷，像诗又像歌，像领主咏，又像间奏曲："夜幕降临时她可能会来。夜幕降临时她来了。你看着她看了整整一夜。你看着她看了整整两夜。"（《死亡的疾病》）

主语的位置
在杜拉斯的作品中,主语通常是代词……要么使用倒装,例如《毁灭吧,她说》这个谜一般的标题,要么在戏剧或电影的对话中多次使用代词:"他说""她说",要么干脆省略代词:"只在夜幕降临后出来。"(《印度之歌》)

在作品中使用口语
在作家恩里克·维拉-马塔斯看来,杜拉斯说的是"上流法语"。自 20 世纪 60 年代开始,她的书中则主要是"下流法语"。反映穷人的观点,接近于电报体,最大限度地接近事物本身。杜拉斯将口语的简洁性与某些词语的复杂性融为一体……由此产生了矫饰的风格。

说出名字
这是杜拉斯写作的主要活动,命名的动作不是自然发生的,而更像念咒语。想象中的人名(安娜-玛丽·斯特雷特、劳儿·V. 斯坦、麦克·理查逊)和地名(暹罗、洞里萨湖、湄公河)都具有强烈的象征意义。
杜拉斯本人也曾这样说道:"在这里,印度的城市名、河流名、州名和海洋名首先具有音乐上的意义。"

趋于抽象化
风格的矫饰还是沉默的诱惑?杜拉斯一直使用抽象的词语,诸如床很白、夏日阳光耀眼、世界旋转之类的概念。她还是成功使用"在……里"或"待在……里"这两种表达方法的先驱:"今天,她待在那儿,在她丑陋的皮囊里。"(《大西洋人》)

频繁使用动词"看"
"在广岛,你什么都没看见。没看见。
我什么都看见了。看见了。"
这是《广岛之恋》中的著名对话,反映了作品的主旨,总是在"欲说"与"还休"之间徘徊。"看"是杜拉斯使用最多的动词,视觉是作家最为需要的感官。人们将其称作杜拉斯式的窥视癖。

LE TEMPS DE LA GLOIRE

光荣的时刻

1983—1996

« UNE
PAGE FINIE,
UNE PAGE
TERMINÉE,
ÉCRIRE
C'EST
UN DEUIL. »

"一页写完,一页结束,写作就是一场哀悼。"

《电视访谈录》
(与皮埃尔·杜玛耶的对谈)

▶ 布勒·欧吉和玛德莱娜·雷诺在环形广场剧院表演玛格丽特·杜拉斯的《萨瓦纳湾》，1983年。

玛格丽特·杜拉斯很自恋，这毋庸置疑。"看着我写的剧本，我赞赏得说不出话来"，在接受《巴黎晨报》采访时，她敢这样说。如此自负可能会惹人反感。但在环形广场剧院协助她举办《萨瓦纳湾》首映式的人们却不会这么想，忆及此事，他们觉得这是剧场的重大时刻。这一次，这位作家早在三个月之前便已获得法兰西学院颁发的戏剧大奖，她在扬·安德烈亚的协助下亲自担任导演。她将剧本写成了"一幕爱情剧"，是为八十三岁、已经达到"金秋年龄"的玛德莱娜·雷诺写的。杜拉斯亲笔写了剧情梗概："两个女人。一个有着像布雷区一样千疮百孔的记忆。她是位演员，经历过一次悲惨事件，但搞错了日期、人物和地点。另一个试着在过去的废墟上重建未来，显然是依靠爱。这是一段关于记忆的对话，九十页，很快就能读完，可以一读再读。它与埃迪特·琵雅芙唱的情歌一样美。绝对不容错过的戏剧。"没有一个多余的字。作家出色地将这首关于健忘症——今天人们称之为阿尔茨海默氏症——的诗歌改成了文章，其中屡次出现一句纠缠不休、萦绕心头的叠句："我能爱你如此真是疯狂，我的爱，我的爱。"

在排演时，在罗伯特·普拉特布好的场景中，玛格丽特事必躬亲，灯光，服装，她又重新焕发了活力。她刻不容缓。她知道自己已经历了什么。她指导演员布勒·欧吉和玛德莱娜·雷诺，亲自教她们念台词。面对主演，她的情绪阴晴不定，有时态度粗暴："玛德莱娜不是演员，简直就是我妈。" 1983年9月27日，尘埃落定：一场飘荡着由词语谱成的乐曲的演出。

光荣的时刻

LA PHOTOGRAPHIE ABSOLUE

绝妙的照片

让·马斯科洛计划和母亲合作出版一本书。这是一本相册，将收录她一生的照片，以及拍摄过程中的剧照，由她来撰写评论。杜拉斯已经为照片写过评论，为珍妮·涅普斯或拉尔夫·吉布森的作品写过。她喜欢谈论摄影写作，觉得它有时"无法解释、不可逆转、有着野性智慧、神秘至极"。为了让儿子开心，她同意为自己的一生来一点传奇的色彩，在记忆的宝库中寻找过去的影子，并命令扬打字。《情人》的第一遍打字文稿名为《绝妙的照片》。"为什么我一生中那张绝妙的照片没有被拍下来，"她暗自思忖，"那张绝妙的照片，或许是不可能被拍到的，它并不惹眼。它并不存在，但它本该存在。它被忽略了，忘记拍摄了，没有清晰地留下来，没有被取走。"杜拉斯正是从缺失的一面开始写作的，这是萦绕她一生的中心画面。她不是这样说过电影吗？她是从缺失出发拍摄电影的。戏剧亦然："在戏剧中，我们正是从缺失出发，来呈现一切。"她把真实——她觉得这个词难以置信——当成传奇来经历。杜拉斯开始了想象："我要找的，或许就是渡轮甲板上那个十五岁少女的照片。"接下来只需滔滔不绝地讲述她的人生，追溯那些亦真亦幻的回忆，这就是杜拉斯式的真真假假，真实与虚构融为一体，回忆与想象纠缠交织。她站在写作的狂潮中，潮水没过头顶，情感将她淹没，她将其上升为"行云流水的写作"理论：

▶ 玛格丽特·杜拉斯在诺弗勒堡家中的书房（1969）。
"在生活中，人们看到最少的是自己，包括在镜子虚假的投影中看到的由自我构成的形象，是希望保留下来的最佳形象。"（《物质生活》）

光荣的时刻

"我一直梦想行云流水的写作,但从来没有真正做到过,突然,在我只想准确地还原记忆别无他求的时候,我做到了,我感觉我做到了。"

短短三个月便积累了很多页。但她对相册的想法失去了兴趣。就算乌塔和他的父亲迪奥尼斯·马斯科洛会不高兴,她也不理会。读完扬·安德烈亚的《玛·杜》之后,杜拉斯想为自己写一本书,用第一人称写。她这么做,如果不是因为读了米歇尔·芒索描述她的片段《短日记》,或是受到了家中好友的鼓励,那就是因为先后担任教师和导演的让-马克·杜林纳(Jean-Marc Turine)在读了前八十页之后,觉得就算不加图片只要文本也完全行得通。

由于害怕重写《抵挡太平洋的堤坝》,她转换了视角,照亮了过去的死角。情人的形象浮出水面。正如传记作家让·瓦里尔暗示的那样,这次出现的,或许还是那个安南小伙子,他们在沙沥一位医生的车里相遇,他把她带到了西贡。玛格丽特曾多次激烈反驳:《情人》并不是一部自传。"只有在通过想象追回的时间里,生命才充满气息",她这样解释道,随后又宣称,"这本书铸就了这个奇迹,也就是说,很快,笔下的事情成了经历中的事情。笔下的事情代替了经历过的事情"。自此之后,再想去搞清它是传奇还是事实,再想去证实玛格丽特有没有跟那个中国人做爱已经毫无意义……那个夏天,她从百忙之中抽出时间与儿子让·马斯科洛和让-马克·杜林纳合作拍摄了《孩子们》,根据童书《啊!埃尔奈斯托》改编而成,于1985年发行。题献给布鲁诺·努坦的《情人》由午夜出版社出版,恰逢1984年文

▲（上）弗朗索瓦·努里西耶在德鲁昂餐馆宣布将龚古尔文学奖授予玛格丽特·杜拉斯（1984年11月12日）。

▲（下）贝尔纳·毕沃（Bernard Pivot）在电视节目"Apostrophes"中采访玛格丽特·杜拉斯（1984年9月28日）。

光荣的时刻

学秋潮。正如往常一样，玛格丽特心有疑虑。首次印刷的两万五千册在几天内就被抢购一空。8月31日，克洛德·鲁瓦便在《新观察家》一篇名为《与语言密不可分的杜拉斯》(«Duras à la langue attachée»)的文章中写道："人们料定，终有一天，我们会靠近杜拉斯的领地中央，这场从直布罗陀到广岛，从广场到加尔各答，从小说到电影的漫漫航行，终将带领我们走向发源的洞穴，走向最初的岩洞。"

9月28日，她参加了贝尔纳·毕沃主持的直播谈话节目"Apostrophe"。在当时的情况下，她同意独自一人参加节目，跟尤瑟纳尔和索尔仁尼琴等最伟大的人物一样。她有些怯场，但恐惧很快便烟消云散。她穿着白色卷领套头衫和无袖坎肩，从酒精聊到她的政治介入，无话不谈，间或沉默着，调整"她清亮的嗓音"。她大获全胜，11月12日又荣膺龚古尔文学奖。她成功了，赢得了属于自己的光荣，似乎弥补了三十四年前《抵挡太平洋的堤坝》的落选之憾。连龚古尔学院院长艾尔维·巴赞也不得不承认，杜拉斯"比起龚古尔，更接近诺贝尔"。销量一路飙升：短短七个月内便售出了七十五万册。《情人》正被翻译成二十五种语言。无论是在火车站的书店，还是在大型超市，都能看到它。它绝对打破了一般龚古尔获奖作品的纪录。七十岁高龄的杜拉斯富了起来。她丝毫没有改变生活方式，她经历了过于艰辛的生活。随着年龄的增长，她已经形成了嗜钱的痼疾。关于她传奇般的贪婪，每个人都能讲出一段逸事。她既不奢侈，也不浪费。她投资房地产，还买了一辆"标致405"。她成了明星。走在路上，人们都能认出她来，给她寄来一摞又一摞的信件，在圣伯努瓦街久久驻足。当她不用第三人称谈论自己时，玛格丽特开玩笑，把她的读者比作站在南极浮冰上的企鹅，这是钉在她餐厅里的一张照片上的场景。

光荣的时刻

▲ 在迟暮之年，海魂衫进入了玛格丽特的衣橱。
▶ 240—241 页图：在三幢房子里，玛格丽特摆上干花束（此处是在诺弗勒堡）。

光荣的时刻

▲ 玛格丽特·杜拉斯设计的粗糙艺术品,用于装饰特鲁维尔的公寓。

光荣的时刻

LA PYTHIE

皮提亚

  《情人》之后，是《痛苦》：杜拉斯或标题的艺术。玛格丽特重温过去。她只需得到自己的许可。受人操控的日子已经一去不复返。她既不害怕公众的诟病，也不担心身边的人反对。此外，她也没有理会当时还在医院的罗伯特·昂泰尔姆的意见，发表了《没有死在集中营》，对事实做了部分篡改，导致他们在 1976 年决裂。她在房间的蓝色壁橱里找到了一本旧笔记本。很快，她把它交给了编辑保罗·奥夏科维斯基-洛朗斯，她曾答应为他写一本书，后来还请他主编了一套文集。1985 年，P. O. L. 出版社出版了《痛苦》，增加了几篇文章，包括：《首府的阿尔贝》(*Albert des capitales*)，讲的是泰蕾莎严刑拷打一位年轻告密者；《保安队员泰尔》(Ter le milicien)，讲的还是这个泰蕾莎，她想与保安队员做爱；以及《某先生，化名皮埃尔·拉比耶》(*M. X dit ici Pierre Rabier*)，是关于盖世太保夏尔·戴尔瓦的那段往事。玛格丽特的作品中援引了大量细节，她本人在解放运动中是否也用过私刑？又一次，杜拉斯显得不合时宜。评论界对《痛苦》有争议。一些人主张应当在课堂上阅读某些片段，另一些人则怀疑内容是否真实。2006 年，在作家死后，出版了收藏在现代出版档案馆的《战争笔记》，最终宣告论战结束。原稿的的确确存在档案馆。

  作家成了商标。有玛格丽特·杜拉斯，就有销量。人们从四面八方来求她。她拒绝了一堆约稿——例如一本女性杂志提议让她写星座专栏，但她难以抵挡新闻界的诱惑。她为米歇尔·比代尔创立于 1984 年的杂志《另类日志》撰稿，为各种各样的专栏写文章，还为此与她的朋友、共和国总统弗朗索瓦·密特朗进行了一系列访谈。1985 年 7 月，知道她热衷社会新闻的《解放报》提议让她写一写"维尔曼

光荣的时刻

事件"。十个月以来,四岁的小格里高利遇害一事在媒体上炒得沸沸扬扬,人们在沃洛涅河发现了他的尸体,四肢被绑。他的母亲克里斯蒂娜·维尔曼先是被指控为杀婴罪,后重获自由。玛格丽特亲自来到案发现场。7月17日,《解放报》发表了她的文章:

"绝妙的,必然绝妙的克里斯蒂娜·V.。"

她没有见到少妇,只看了她的房子。"一看到房子,我叫起来:罪行发生过。这就是我的想法。它超越了任何理智。"杜拉斯是个通灵者,她能未卜先知。但这在莱庞热没有用。在孚日省的这片河谷,人们是在现实生活中,不是在古希腊悲剧中。克里斯蒂娜·V.根本无须成为与劳儿·V.斯坦或安娜-玛丽·斯特雷特齐名的女主角。《解放报》收到了无数信件。杜拉斯在朗代诺媒体界掀起了轩然大波。一些女作家和她的死敌、文学评论家安杰洛·里纳尔迪(Angelo Rinaldi)诋毁她的名誉,后者在《快报》上挖苦道:"杜拉斯女士证明了成为美狄亚[58]不仅是可能的,甚至还是不可避免的,因为人们周末百无聊赖,工作日又烦恼缠身。"1993年,对克里斯蒂娜·V.的起诉被撤销,理由是"毫无证据"。

▶ 1986年2月,克里斯蒂娜·维尔曼在儿子格里高利的墓前默哀。在发表于《解放报》的文章中,玛格丽特·杜拉斯以通灵者的笔触,蔑视无罪的猜测,断言母亲有罪。

光荣的时刻

DOMINIQUE BLANC
L'AMBASSADRICE

多米尼克·布朗，女大使

作为四届凯撒奖和两届莫里哀奖的得主，
多米尼克·布朗在全世界的戏剧舞台上演出了《痛苦》，
一演就是四年。

"我在高二的课堂上遇到了作家杜拉斯。我们的法语老师，红棕色头发、戴厚眼镜的格伯夫人让我们研读《抵挡太平洋的堤坝》。这为一直学拉加德和米夏尔教科书[①]还有亚历山大体诗歌的我们换了口味，那些东西在我们看来全都腐朽陈旧，散发着灰尘的味道。在我们这些十几岁的孩子心中，学习一位尚在人世的作家的作品，这简直妙不可言。杜拉斯是一位充满激情的女性，这在现实生活和法国文学中都十分罕见。在这段令人喜悦的插曲之后，杜拉斯的领地渐渐离我远去。在我的演员生涯中，我也从未在剧院演过尚在人世的作家的作品。直到有一天，在演完《费德尔》之后，帕特里斯·夏侯提议一起朗读剧本，编舞蒂埃里·阮文绍·尼昂也在场。蒂埃里原籍越南，他让我们读《痛苦》。我又一次怦然心动，这令我意想不到。我们走了走场：一个男人，一个女人，一张桌子，几把椅子，就这些。很快，我开始幻想一场只有我一个人在舞台上的演出。夏侯同意演出，我们在西班牙赫罗纳举行了首演。结果大获全胜，一直演了四年。每次表演，人们都会起立致意。我在巴西演过，后来到了东京和京都，那里的日本人不怎么鼓掌，态度不温不火，但在越南河内，公众热情高涨，他们谈论着，拍着照片。这并非因为我才华出众，而应归功于玛格丽特的写作，以及她在这部完美无缺的抒情文本中提出的问题：面对这个巨大的错误，这场悲惨的浩劫，人们难道不应该共同承担吗？正如索福克勒斯、欧里庇得斯或拉辛的剧作一样，《痛苦》也发挥着它的影响。通过1945年4月在巴黎等待'战士归来'——她知道他被关在集中营——的这位女性的声音，这个故事引起了各种文化的反响，我所到之处，无不如此。这位女性，她与在所有战争中等待所有男人回来的所有女性都一样。这部悲剧是20世纪的伟大作品，也正成为所有时期的经典。"

[①] 法国博达斯出版社（Bordas）出版的经典文学史系列教科书，由两位文学教师安德烈·拉加德（André Lagarde）和洛朗·米夏尔（Laurent Michard）编撰。——译注

L'ÉCRITURE, MODE D'EMPLOI

写作指南

她还在写,一直在写。墨水从她的指间流出。扬再度激发了她的想象,她剥夺了他的身份,替他决定一切。继印度支那系列和印度系列之后,她开始写大西洋系列,尽管扬并不情愿,但还是成了她的主人公。正如在生命暮年创作色情绘画的毕加索和路易丝·布儒瓦一样,杜拉斯在写一本色情书。她对性的欲望并没有因此消失。描绘女性欢愉的颂歌《乌发碧眼》便题献给了她的伴侣。在杜拉斯看来,写作与创造密不可分。她讨厌文学这个词,她不讲故事。"在杜拉斯看来,写作绝不是简单的文学实践,而是一种存在体验,这让人想起通灵诗人兰波的形象。"若埃尔·巴热-班冬(Joëlle Pagés-Pindon)在《玛格丽特·杜拉斯,无限的写作》中这样分析道。在整个一生中,她创造了写作的神话,让母亲与大海合奏齐鸣,叫喊与写作并驾齐驱。她从不在任何事情上让步。她只听从内心的意愿。"她经常不想再写,经常想离开一切,离开文字和生命。但她没有这样做。她活着。她写作。她爱。爱一切。爱全世界。爱牡蛎,爱得疯狂,爱深夜沿着塞纳河散步,一直走到讷伊桥,然后回到圣母院。"扬·安德烈亚在《这份爱》中回忆道。此书在她去世三年后发表。

因此,写作是为了活下来。她写了《埃米莉·L.》,这是杜拉斯最后一位女主角,一个被酒精摧毁的女人,她爱诗歌,爱船长和诺曼底基依伯夫。杜拉斯所有的书,谈论的不都是她自己吗?杜拉斯又重新开始酗酒,她离不开特鲁维尔的阳光,离不开塞纳河的港湾。她什么都写,毫无顾忌。为什么不去采访进过三百五十六个球的

▶ 玛格丽特·杜拉斯在特鲁维尔的书桌。"我可以说想说的话,我永远也不会知道为何写作,又为何不写。"(《写作》)

光荣的时刻

光荣的时刻

▲ "我不知道书是什么。没有人知道。但如果有书,我们就会知道。"(《写作》)

光荣的时刻

▲ "我在屋子里写作时,一切都在写作。写作无处不在。"(《写作》)

光荣的时刻

▲ 玛格丽特·杜拉斯在翁弗勒尔港的海堤上。
"只要有车，我就能活下去。只要我能坐着车兜风，看看塞纳河、诺曼底，我就能活下去。"
▶ 图 255 页：《来自中国北方的情人》(伽利玛出版社，1991 年) 的打字注释文稿。
▶ 图 256 页：玛格丽特·杜拉斯在黑岩旅馆，1990 年。
扬·安德烈亚："您想好下一本书的书名了吗？"
玛格丽特·杜拉斯："想好了。待消失的书。"(《这就是一切》)

光荣的时刻

足球明星米歇尔·普拉蒂尼,海地独裁者"娃娃医生"杜瓦利埃,新喀里多尼亚岛独立运动领导人让-玛利·吉巴欧? 人们或许觉得她自命不凡,嘲笑她"玛格丽特·杜拉扯"[59]的一面,或像帕特里克·朗博在小说《维尔吉妮Q》中那样模仿她。这样,人们便可以爱上她气若游丝的文字,领悟她的风格魅力,就连句法错误也变得新颖独特,并跟她一起理解作家的意义。

1988年秋天,她的状况恶化。酒精又一次害了她。她的肺气肿频繁发作。在医院,她先是戴上了呼吸机,又接受了紧急手术。她处于人工昏迷状态,人们说她没救了。她的儿子让·马斯科洛拒绝切断设备电源:"如果妈妈死了,我也自杀。"他反复说道。他买来一台录音机,让她听音乐,救活了她。九个月后,玛格丽特走出了"难以忍受的昏迷",醒了过来。奇迹般活下来这个想法并不让她反感。她比死亡更加强大! 没有什么能摧毁她。那张布满细纹的脸似乎也舒展开来了。她回到了原来的样子,像年轻时那样美,那时克洛德·鲁瓦说她像中国小娃娃。爱俏的她用丝巾遮住气管套管,化上淡妆,裹上红披肩。她最开心的事,便是开着车,跟扬一起沿着塞纳河到郊区兜风。正如在杜拉斯的作品中那样,一切都是共通的,与波德莱尔的通感一样,塞纳河很快便有了恒河的样子。她写作,这是她的命运:"写作是唯一丰盈我的生活、令它无比喜悦的事。我写作。写作从未离我而去。"每一天都在上演同样的仪式。她洗漱,穿衣,梳妆。前提条件是,床要铺好。"我的卧室不是一张床,不论是在巴黎,在这里,还是在特鲁维尔。它是一扇窗,一张桌,用惯了很难找的牌子的黑墨水,还有一把椅子。"这个很少吐露自己写作仪式的人说道。她写了《夏雨》(1989年),之后是《来自中国北方的情人》(1991年)。在此期间,电影《情人》取得成功,由让-雅克·阿诺根据同名畅销书改编而来。

光荣的时刻

杜拉斯以高价将版权卖给了制片人克洛德·贝里。作为交换，她在1987年夏至1988年初参与了该书的改编，经常在拉斯帕伊大街的公爵鱼馆用餐。但一方面曾拍摄过《火之战》的导演要对故事进行重构，另一方面杜拉斯习惯了拍小制作的电影，两人的距离可谓天壤之别。矛盾在所难免。作家感觉自己的作品被褫夺了。在与午夜出版社彻底决裂之后，她在伽利玛出版社出版了《来自中国北方的情人》，将这个故事再度据为己有。杜拉斯最后一次回归主题，追溯至永恒的印度支那之源：湄公河的渡轮，来自中国的富豪情人，恒河的女乞丐，安娜-玛丽·斯特雷特，亚洲的季风，永恒的小哥哥，罪恶的大哥，母亲——玛丽·多纳迪厄，以及可怜的小女孩，衣着奇怪不伦不类的孩子，穷人家的裙子、平檐男帽、镶有金丝的鞋子。"留给梦的时间太过短暂"，阿拉贡在《人就是这样活着的吗？》中这样说道，这首诗被谱了曲，由列奥·费雷演唱。

她还在与漫漫黑夜斗争，写了：《扬·安德烈亚·斯坦纳》，再次讲到了特鲁维尔的海鸥和灰眼睛的孩子；《写作》，讲述了年轻英国飞行员的故事；《这就是一切》，创作了一些玄奥的俳句。玛格丽特逝世于1996年3月3日，享年八十一岁。在巴黎蒙帕纳斯公墓，她安息在沙土色的墓穴里。当心，杜拉斯曾提醒我们：

"即使在死后，我也能继续写作。"

光荣的时刻

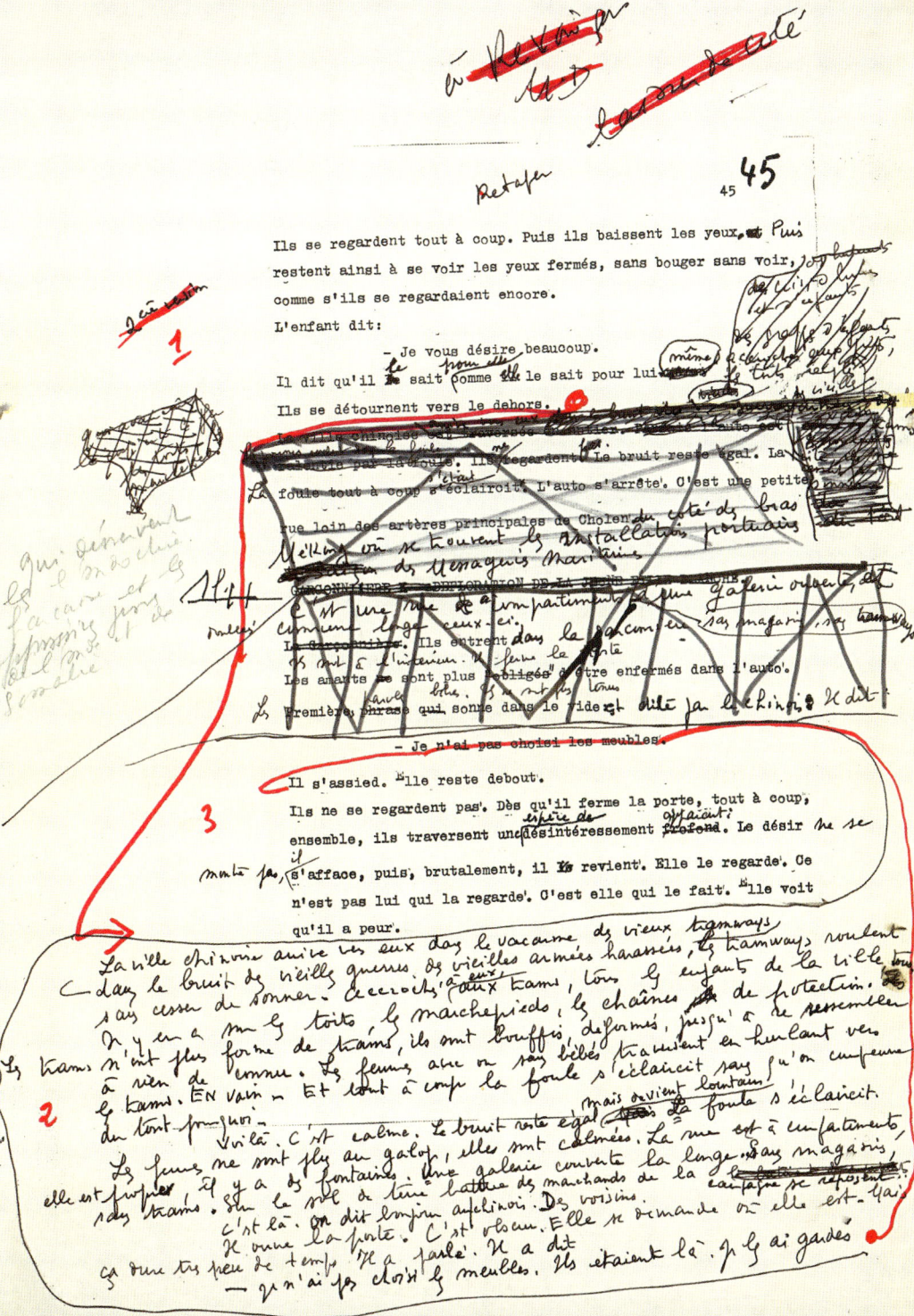

注 释

1 "七星文库"是法国最著名的本国及外国作家豪华版经典文库,被收入"七星文库"是一位作家一生获得的最高级别的肯定和殊荣。"七星文库"始于 1931 年,现存 550 卷,出版了古今全球 201 位作家的作品。——译注
2 《物质生活》,伽利玛出版社。
3 东京(Tonkin):越南北部旧地区名。——译注
4 埃皮纳勒(Épinal):法国东北部城市,洛林大区孚日省省会,该地的版画和图片生产非常出名,有专门的图片博物馆。——译注
5 朱尔·费里(Jules Ferry,1832—1893):法国政治家,普法战争时期巴黎的师长,后来两任总理,后因中法战争失败而下台,以推行免费世俗义务教育和扩张殖民地而闻名。——译注
6 《物质生活》,伽利玛出版社。
7 是他们家的马车。——译注
8 《电视访谈录》(和皮埃尔·杜玛耶的对谈),EPEL 出版社。
9 《词语的颜色》,批评影像出版社。
10 越南语称塔梅平原(Dong Thap Muoi),法语称水草平原(Plaine des Joncs),位于越南南方及柬埔寨东部,是湄公河三角洲向西北延伸的部分,为地势低洼、形似盆地的沼泽区。——译注
11 切提人(chettys)源于印度马拉巴尔海岸地区,属于一个庞大的集团,遍布全印度社会各个阶层,专门从事金钱交易,是印度支那的放贷人。——译注
12 法国汽车制造商莱昂-博来(1870—1917)出产的一款轻型轿车。——译注
13 《这就是杜拉斯》,让·瓦里尔,法亚尔出版社。
14 《医院寂静》,《外面的世界 II》,P. O. L. 出版社。
15 克洛德·鲁瓦(Claude Roy,1915—1997):法国诗人、记者、作家。——译注
16 雷蒙·奥布拉克(Raymond Aubrac,1914—2012):法国"二战"时期抵抗运动的著名斗士。——译注
17 莱昂·齐特罗纳(Léon Zitrone,1914—1995):原籍俄罗斯的法国记者、著名电视节目主持人。——译注
18 莱昂·布鲁姆(Léon Blum,1872—1950):法国政治家和作家,知名的文学和戏剧评论家。1936—1947 年任人民阵线联合政府的首脑,成为法国第一位社会党人总理(也是第一位犹太人总理)。——译注
19 劳尔·杜飞(Raoul Dufy,1877—1953):法国画家,早年受印象派和立体主义影响,终以野兽派作品闻名。其作品色彩艳丽,装饰性强。——译注

20 《杜拉斯传》，劳拉·阿德莱尔，伽利玛出版社。
21 《话说罗伯特·昂泰尔姆》，让·马斯科洛和让-马克·杜林纳拍摄的影片。
22 乔治·芒戴尔（Georges Mandel，1885—1944）：法国政治领袖，以仇视纳粹德国著称。——译注
23 《给达西中心的信》，《外面的世界 II》，P. O. L. 出版社。
24 《写作》，伽利玛出版社。
25 《劳尔的理由》，作坊/EPEL 出版社。
26 现代出版档案馆。
27 《我们》，克洛德·鲁瓦。
28 法兰西行动是法国一个极右的政治组织，1898 年由保皇派作家莫拉成立，主体是一大批年轻的知识分子。莫拉推出的思想体系是"爱国主义"和"恺撒主义"。半个世纪后消失。——译注
29 冬季赛车场大圈押（la rafle du Vél'd'hiv）：1942 年 7 月 16—17 日，法国警察围捕了 13152 名在法国避难的外籍犹太人，其中 8160 人在非人的条件下被关在冬季赛车场，之后被送往集中营。——译注
30 《周四纪事》，1998。
31 《重温》，《外面的世界 II》，P. O. L. 出版社。
32 罗伯特·穆齐尔（Robert von Musil，1880—1942）：奥地利作家，被认为是两次大战之间最伟大的德语作家之一。《没有个性的人》（1930—1943）是他未完成的三卷代表作，讲述维也纳战前的生活，反映了现实的不确定性。——译注
33 《杜拉斯传》，劳拉·阿德莱尔。
34 《我们》，伽利玛出版社口袋本。
35 同上。
36 布基伍基（boogie-woogie）：一种低音连奏的爵士乐钢琴奏法，有相应的爵士舞曲和舞蹈。——译注
37 普里莫·莱维（Primo Levi，1919—1987）：犹太裔意大利化学家、小说家。莱维是纳粹大屠杀的幸存者，曾被捕并关押在奥斯维辛集中营长达 11 个月，备受折磨。1948 年，他出版处女作《如果这是一个人》，记录他在集中营的生活。此外还发表回忆录《休止》，短篇故事集《元素周期表》，小说《猴子的忧伤》《如果不是现在，那么何时？》和散文集《灭顶与生还》。1987 年，他从寓所三楼的室内阳台坠落身亡，被认为是自杀，有人称他是"50 年后死于奥斯维辛"。——译注
38 圣茹斯特（Saint-Just，1767—1794）：法国革命家，法国大革命的中坚分子，1791 年出版了《法国革命与宪法精神》，最后死在断头台上。——译注

注　释

39 《情人》，午夜出版社。
40 《外面的世界》，P. O. L. 出版社。
41 迪亚贝利（Anton Diabelli，1781—1858）：18 世纪末 19 世纪初奥地利出版商、总编辑、作曲家、吉他和钢琴演奏家。——译注
42 《外面的世界》，P. O. L. 出版社。
43 《外面的世界 II》，P. O. L. 出版社。
44 马莱-史蒂文斯（Mallet-Stevens，1886—1945）：20 世纪法国著名现代主义建筑师和室内设计师。——译注
45 《物质生活》，伽利玛出版社。
46 《向写作〈劳儿之劫〉的玛格丽特·杜拉斯致敬》，《雷诺-巴洛手册》，第 52 期，伽利玛出版社。
47 《巴黎永无止境》。
48 《玛格丽特·杜拉斯的领地》，米歇尔·波尔特，午夜出版社。
49 艾尔·卡彭（Al Capone）：黑帮教父，芝加哥之王，1925 年至 1931 年掌权。卡彭时代的黑手党徒风衣下藏着冲锋枪，火拼时用手榴弹开路，强硬残忍的作风令其他黑帮胆寒。卡彭亲手干掉的不下百人，侥幸躲过的伏击至少百次。卡彭留给黑手党的三大遗产是：重机枪比冲锋枪好使；要按时向联邦政府纳税；做爱时一定要戴安全套。这是热拉尔·辛格借他来调侃杜拉斯独断专行的行事风格。——译注
50 《玛格丽特·杜拉斯的领地》，米歇尔·波尔特，午夜出版社。
51 《卡车》，玛格丽特·杜拉斯，午夜出版社。
52 巴黎水是一种天然有气矿泉水。制作巴黎水的水源位于法国南部尼姆附近，是天然有气矿泉水与天然二氧化碳及矿物质的结合，有"水中香槟"的美誉。——译注
53 《写作》，P. O. L. 出版社。
54 妇女解放运动（Mouvement de libération des femmes）的简称。——译注
55 皮提亚是德尔斐城阿波罗神庙中宣示阿波罗神谕的女祭司，这里指杜拉斯。——译注
56 《这份爱》，波韦尔出版社。
57 《物质生活》，伽利玛出版社。
58 希腊神话中的科尔基斯公主，神通广大的女巫，为了报复移情别恋的伊阿宋，将自己亲生的两名稚子杀死。——译注
59 帕特里克·朗博将其小说《维尔吉妮 Q》署名为"玛格丽特·杜拉扯"。杜拉扯（Duraille）一词在法语中意为"难缠的，难以处理的"，在此讽刺杜拉斯。——译注

注　释

关于杜拉斯

玛格丽特·杜拉斯协会

创建于 1997 年，协会总部设在杜拉斯（洛特-加龙省），每年五六月份，该协会在杜克城堡组织"遇见杜拉斯"的活动，来纪念女作家。

伯努瓦·雅各布出版社

出版社于 1999 年由让·马斯科洛创立，主要出版玛格丽特·杜拉斯的作品。它主要再版了影像批评出版社发行的囊括了杜拉斯很大一部分电影作品的录像带，还出版了双碟 DVD 版《圣伯努瓦街小组逸事》，是 J. 马斯科洛和 J.-M. 杜林纳拍摄的影片。

现代出版档案馆（IMEC）

玛格丽特·杜拉斯在生前就把自己的资料交给了现代出版档案馆收藏，包括大量的小说、戏剧和电影脚本，它们提供了创作的背景，照亮了作品创作的源头。

玛格丽特·杜拉斯日

在特鲁维尔市每年十月的第一个周末会举行"玛格丽特·杜拉斯日"的纪念活动，如作品朗读、电影展、研讨会……

玛格丽特·杜拉斯奖

2009 年起设在滨海特鲁维尔市（皮埃尔·贝尔吉-伊夫·圣洛朗基金会），玛格丽特·杜拉斯奖鼓励致力于三个方面的艺术家：文学、戏剧和电影。

玛格丽特·杜拉斯学会

1997 年创立，主席是克里斯蒂安娜·布洛-拉巴雷尔，协会有几大目标：组织玛格丽特·杜拉斯的研讨会，和在欧洲和海外的玛格丽特·杜拉斯协会建立联系，筹备并出版学会的年鉴。

杜拉斯著作／电影列表

玛格丽特·杜拉斯的文学作品

●小说、故事、戏剧剧本、访谈……

《无耻之徒》(*Les Impudents*)，布隆出版社，1943 年。
《平静的生活》(*La Vie tranquille*)，伽利玛出版社，1944 年。
《抵挡太平洋的堤坝》(*Un barrage contre le Pacifique*)，伽利玛出版社，1950 年。
《直布罗陀水手》(*Le Marin de Gibraltar*)，伽利玛出版社，1952 年。
《塔尔奎尼亚的小马》(*Les Petits chevaux de Tarquinia*)，伽利玛出版社，1953 年。
《成天上树的日子》(*Des journées entières dans les arbres*，附《巨蟒》[*Le Boa*]、《多丹太太》[*Madame Dodin*]、《工地》[*Les Chantiers*])，伽利玛出版社，1954 年。
《广场》(*Le Square*)，伽利玛出版社，1955 年。
《琴声如诉》(*Moderato Cantabile*)，午夜出版社，1958 年。
《塞纳-瓦兹的高架桥》(*Les Viaducs de la Seine-et-Oise*)，伽利玛出版社，1959 年。
《夏夜十点半钟》(*Dix heures et demie du soir en été*)，伽利玛出版社，1960 年。
《广岛之恋》(*Hiroshima mon amour*)，伽利玛出版社，1960 年。
《昂代斯玛先生的午后》(*L'Après-midi de Monsieur Andesmas*)，伽利玛出版社，1962 年。
《劳儿之劫》(*Le Ravissement de Lol V. Stein*)，伽利玛出版社，1964 年。
《戏剧（一）》(*Théâtre I*，其中收入《水和森林》[*Les Eaux et forêts*]、《广场》[*Le Square*]、《音乐》[*La Musica*])，伽利玛出版社，1965 年。
《副领事》(*Le Vice-consul*)，伽利玛出版社，1965 年。
《英国情人》(*L'Amante anglaise*)，伽利玛出版社，1967 年。
《戏剧（二）》(*Théâtre II*，其中收入《苏珊娜·安德莱尔》[*Suzanna Andler*]、《成天上树的日子》[*Des journées entières dans les arbres*]、《是的，也许》[*Yes, peut-être*]、《莎伽王国》[*Le Shaga*]、《一个男人来看我》[*Un homme est venu me voir*])，伽利玛出版社，1968 年。
《毁灭吧，她说》(*Détruire, dit-elle*)，午夜出版社，1969 年。
《阿邦、萨芭娜和大卫》(*Abahn, Sabana, David*)，伽利玛出版社，1970 年。
《爱》(*L'Amour*)，伽利玛出版社，1971 年。
《啊！埃尔奈斯托》(*Ah! Ernesto*)，阿尔兰·齐斯特出版社，1971 年。
《印度之歌》(*India Song*)，伽利玛出版社，1973 年。

《娜塔莉·格朗热》(*Nathalie Granger*，附《恒河女子》[*La Femme du Gange*])，伽利玛出版社，1973年。

《话多的女人》(*Les Parleuses*，与格扎维埃尔·戈蒂埃合作)，午夜出版社，1974年。

《玛格丽特·杜拉斯》(*Marguerite Duras*，由 M. 杜拉斯、J. 拉康、M. 布朗肖等著)，信天翁出版社，《这/电影》，1975年。

《卡车》(*Le Camion*，附《和米歇尔·波尔特的对谈》，[*Entretien avec Michelle Porte*]，午夜出版社，1977年。

《玛格丽特·杜拉斯的领地》(*Les Lieux de Marguerite Duras*，与米歇尔·波尔特合作)，午夜出版社，1977年。

《伊甸影院》(*L'Éden Cinéma*)，法兰西信使出版社，1979年。

《夜舟》(*Le Navire Night*，附《塞扎蕾》[*Césarée*]、《否决的手》[*Les Mains négatives*]、《奥蕾莉娅·斯坦纳》[*Aurélia Steiner*]，法兰西信使出版社，1979年。

《薇拉·巴克斯泰尔或大西洋海滩》(*Vera Baxter ou les plages de l' Atlantique*)，信天翁出版社，1980年。

《坐在走廊上的男人》(*L'Homme assis dans le couloir*)，午夜出版社，1982年。

《80年夏》(*L'Été 80*)，午夜出版社，1980年。杜拉斯朗读过一些选段，取名《年轻女子和孩子》，妇女出版社，《声音图书馆》，1982年。

《绿眼睛》(*Les Yeux verts*)，电影手册，312—313号，1980年6月；1987年新版。

《阿嘉塔》(*Agatha*)，午夜出版社，1981年。

《外界》(*Outside*)，阿尔班·米歇尔出版社，1981年；1984年 P. O. L. 出版社再版。

《大西洋人》(*L'Homme atlantique*)，午夜出版社，1982年。

《萨瓦纳湾》(*Savannah Bay*)，午夜出版社，1982年首版；1983年增补版。

《死亡的疾病》(*La Maladie de la mort*)，午夜出版社，1982年。

《戏剧(三)》(*Théâtre Ⅲ*，其中收入《丛林猛兽》[*La Bête dans la jungle*])，根据亨利·詹姆斯小说改编，詹姆斯·洛德和玛格丽特·杜拉斯合作改编；《阿斯珀恩文件》[*Les Papiers d'Aspern*]，根据亨利·詹姆斯小说改编，玛格丽特·杜拉斯和罗伯特·昂泰尔姆合作改编；《死亡的舞蹈》[*La Danse de mort*]，根据奥古斯特·斯特林堡的小说改编，玛格丽特·杜拉斯改编)，伽利玛出版社，1984年。

《情人》(*L'Amant*)，午夜出版社，1984年。

《痛苦》(*La Douleur*)，P. O. L. 出版社，1985年。

《音乐（二）》（*La Musica deuxième*），伽利玛出版社，1985 年。

《夜舟》（*La Navire Night*，附《塞扎蕾》[*Césarée*]、《否决的手》[*Les Mains négatives*]、《奥蕾莉娅·斯坦纳》[*Aurélia Steiner*]），法国信使出版社，1986 年。

《乌发碧眼》（*Les Yeux bleus cheveux noirs*），午夜出版社，1986 年。

《诺曼底海滨的妓女》（*La Pute de la côte normande*），午夜出版社，1986 年。

《物质生活》（*La Vie matérielle*），P. O. L. 出版社，1987 年。

《埃米莉·L.》（*Emily L.*），午夜出版社，1987 年。

《夏雨》（*La Pluie d'été*），P. O. L. 出版社，1990 年。

《来自中国北方的情人》（*L'Amant de la Chine du nord*），伽利玛出版社，1991 年。

《英国情人戏剧版》（*Le Théâtre de l'Amante anglaise*），伽利玛出版社，"想象丛书"265 号，1991 年。

《扬·安德烈亚·斯坦纳》（*Yann Andréa Steiner*），P. O. L. 出版社，1992 年。

《写作》（*Écrire*），伽利玛出版社，1993 年。

《外面的世界》（*Le Monde extérieur*，由克里斯蒂安娜·布洛-拉巴雷尔辑录并作序），P. O. L. 出版社，1993 年。

《这就是一切》（*C'est tout*），P. O. L. 出版社，1993 年。

《写作的海》（*La Mer écrite*）（埃莱娜·邦贝尔吉的摄影作品），玛尔瓦尔出版社，1996 年。

《小说、电影、戏剧，创作轨迹（1943、1944）》（*Romans, cinéma, théâtre, un parcours, 1943, 1944*），伽利玛出版社，四开本，1997 年。

《电视访谈录》（*Dits à la télévision*，和皮埃尔·杜马耶的对谈），EPEL 出版社，1999 年。

《词语的颜色》（*La Couleur des mots*，和多米尼克·诺盖的对谈），伯努瓦·雅各布出版社，2001 年。

《玛格丽特·杜拉斯全集》（*Marguerite Duras, œuvres complètes*）卷一、卷二，伽利玛出版社，吉尔·菲利普主编，"七星文库"，2011 年。

《战争笔记和其他文本》（*Cahiers de guerre et autres textes*），由索菲·博加尔和奥利维埃·戈尔佩整理，P.O.L./IMEC，2006 年。

● 戏剧改编

《阿斯珀恩文件》（*Les Papiers d'Aspern*），根据亨利·詹姆斯小说改编，麦克·雷格拉夫改编，杜拉斯和罗伯特·昂泰尔姆合作改编法语版，1961 年，收录在《戏剧（三）》，伽利玛出版社，1984 年。

《丛林猛兽》(*La Bête dans la jungle*)，根据亨利·詹姆斯小说改编，首次改编是在 1962 年，由玛格丽特·杜拉斯和热拉尔·雅尔罗合作改编，第二次改编是在 1981 年，收录在《戏剧（三）》，伽利玛出版社，1984 年。

《阿拉巴马的奇迹》(*Miracle en Alabama*)，根据威廉·吉普森的小说改编，玛格丽特·杜拉斯和热拉尔·雅尔罗合作改编，《前台》，1963 年。

《死亡的舞蹈》(*La Danse de mort*)，根据奥古斯特·斯特林堡的小说改编，玛格丽特·杜拉斯改编，1970 年，收录在《戏剧（三）》，伽利玛出版社，1984 年。

《家》(*Home*)，根据大卫·斯多瑞的小说改编，玛格丽特·杜拉斯改编，伽利玛出版社，1973 年。

《海鸥》(*La Mouette*)，根据契诃夫的小说改编，玛格丽特·杜拉斯改编，伽利玛出版社，1985 年。

电影作品

● 电影

《音乐》(*La Musica*)，合作导演：保尔·色邦，1966 年。

《毁灭吧，她说》(*Détruire, dit-elle*)，1969 年。

《黄色的，太阳》(*Jaune le soleil*)，1971 年。

《娜塔莉·格朗热》(*Nathalie Granger*)，1972 年。

《恒河女子》(*La Femme du Gange*)，1973 年。

《印度之歌》(*India Song*)，1975 年。

《巴克斯泰尔，薇拉·巴克斯泰尔》(*Baxter, Vera Baxter*)，1976 年。

《在荒凉的加尔各答她名叫威尼斯》(*Son nom de Venise dans Calcutta désert*)，1976 年。

《成天上树的日子》(*Des journées entières dans les arbres*)，1976 年。

《卡车》(*Le Camion*)，1977 年。

《夜舟》(*Le Navire Night*)，1979 年。

《塞扎蕾》(*Césarée*)，短片，1979 年。

《否决的手》(*Les Mains négatives*)，短片，1979 年。

《奥蕾莉娅·斯坦纳（墨尔本）》(*Aurélia Steiner, Melbourne*)，短片，1979 年。

《奥蕾莉娅·斯坦纳（温哥华）》(*Aurélia Steiner, Vancouver*)，短片，1979 年。
《阿嘉塔或无限的阅读》(*Agatha ou les lectures illimitées*)，1981 年。
《大西洋人》(*L'Homme atlanqique*)，短片，1981 年。
《罗马对话》(*Dialogue de Rome*)，中长片，1982 年。
《孩子们》(*Les Enfants*)，与让·马斯科洛和让-马克·杜林纳合作，1984 年。

● 剧本和对话

《广岛之恋》(*Hiroshima mon amour*)，阿兰·雷乃导演，1959 年；文本于 1960 年在伽利玛出版社出版。
《长别离》(*Une aussi longue absence*)，亨利·科尔皮导演，与热拉尔·雅尔罗合作编写剧本，伽利玛出版社，1961 年。
《不稀奇》(*Sans merveille*)，米歇尔·米特拉尼导演，与热拉尔·雅尔罗合作编写剧本，电视剧，ORPT 出品，1964 年 4 月首播。
《黑夜加尔各答》(*Nuit noire Calcutta*)，马兰·卡尔米兹导演，未公映的短片，1964 年（有 DVD 版，MK2 出版，2003）。
《白窗帘》(*Les Rideaux blancs*)，乔治·弗朗叙导演，剧本和对话，1965 年。
《女窃贼》(*La Voleuse*)，让·夏波导演，剧本让·夏波和阿兰·法图，玛格丽特·杜拉斯改编和对话，1966 年。
《小姐》(*Mademoiselle*)，导演托尼·理查森，剧本让·热内和玛格丽特·杜拉斯，1966 年。

● 由玛格丽特·杜拉斯作品改编而来的电影

《抵挡太平洋的堤坝》(*Un barrage contre le Pacifique*)，勒内·克莱芒导演，1958 年。
《琴声如诉》(*Moderato Cantabile*)，彼得·布鲁克导演，1960 年。
《夏夜十点半钟》(*Dix heures et demie du soir en été*)，于勒·达森导演，1967 年。
《直布罗陀水手》(*Le Marin de Gibraltar*)，托尼·理查森导演，1967 年。
《反反复复》(*En rachâchant*)，根据《啊！埃尔奈斯托》改编，让-玛丽·斯托和丹尼尔·于莱的短片，1982 年。
《死亡的疾病》(*La Maladie de la mort*)，彼得·汉克导演，1985 年。
《情人》(*L'Amant*)，让-雅克·阿诺导演，1992 年。
《昂代斯玛先生的午后》(*L'Après-midi de Monsieur Andesmas*)，米歇尔·波尔特导演，2004 年。

杜拉斯著作／电影列表

参考书目

劳拉·阿德莱尔，《杜拉斯传》（*Marguerite Duras*），伽利玛出版社，1988年。

劳拉·阿德莱尔（多米尼克·伊塞尔曼摄影），《和玛格丽特·杜拉斯一起旅行》（*Voyager avec Marguerite Duras*），《文学半月刊》，路易·威登，2010年。

贝尔纳·阿拉泽和克里斯蒂安娜·布洛-拉巴雷尔，《解读杜拉斯》*Duras*），埃尔纳手册，第86册，2005年。

扬·安德烈亚，《玛·杜》（*MD*），午夜出版社，1983年。

扬·安德烈亚，《这份爱》（*Cet amour-là*），波韦尔出版社，1999年。

扬·安德烈亚，《如此》（*Ainsi*），波韦尔出版社，2000年。

罗伯特·昂泰尔姆，《人类》（*L'Espèce humaine*），伽利玛出版社，1957年。

埃莱娜·邦贝尔吉，《特鲁维尔的玛格丽特·杜拉斯》（*Marguerite Duras de Trouville*），午夜出版社，2004年。

尼科尔-丽丝·贝尔汉姆，《玛格丽特·杜拉斯拍电影》（*Marguerite Duras tourne un film*），信天翁出版社，1981年。

索菲·巴格艾尔，《劳儿之劫》（*Le Ravissement de Lol V. Stein*）和《副领事》（*Le Vice-consul*）的媒体档案，IMEC，10—18，2006年。

索菲·巴格艾尔和奥利维埃·科尔贝，《物质作品》（*L'Œuvre matérielle*），IMEC，2006年。

让-皮埃尔·色东，《访谈玛格丽特·杜拉斯》（*Entretiens avec Marguerite Duras*），弗朗索瓦·布兰出版社，2012年。

让·克莱德尔，《玛格丽特·杜拉斯，写作的轨迹》（*Marguerite Duras trajectoires d'une écriture*），水边出版社，2006年。

玛格丽特·杜拉斯（序言），《作家的居所》（*Maisons d'écrivains*），橡树出版社，1994年。

玛格丽特·杜拉斯，《玛格丽特的厨艺》（*La Cuisine de Marguerite*），伯努瓦·雅各布出版社，1999年。

玛格丽特·杜拉斯和弗朗索瓦·密特朗，《杜班街邮局和其他访谈》（*Le Bureau de poste de la rue Dupin et autres entretiens*），Folio，2012年。

朱丽娅·克里斯蒂娃，《黑日，抑郁和忧愁》（*Soleil noir, dépression et mélancolie*），伽利玛出版社，1987年。

苏珊娜·拉米和安德烈·鲁瓦，《玛格丽特·杜拉斯在蒙特利尔》（*Marguerite Duras à Montréal*），斯皮拉尔出版社，1981年。

弗雷德里克·拉贝莱，《杜拉斯或一支笔的分量》(*Duras ou le poids d'une plume*)，格拉塞出版社，1994年。

西尔维·鲁瓦尼翁，《玛格丽特·杜拉斯档案》(*Les Archives de Marguerite Duras*)，艾吕格出版社，"作品的制造"系列，2012年。

迈克尔·朗斯戴尔，《我一生的财富》(*Les Trésors de ma vie*)，菲利普·雷，2012年。

米歇尔·芒索，《短日记》(*Brèves*)，色伊出版社，1984年。

米歇尔·芒索，《闺中女友》(*L'Amie*)，罗伯特·拉封出版社，2009年。

米歇尔·芒索，《上坡左手最后一栋》(*La Dernière à gauche en montant*)，尼尔出版社，2010年。

爱德加·莫兰，《我的巴黎，我的回忆》(*Mon Paris, ma mémoire*)，法亚尔出版社，2013年。

多米尼克·诺盖，《玛格丽特·杜拉斯》(*Duras Marguerite*)，弗拉马利翁出版社，2001年。

多米尼克·诺盖，《总是杜拉斯》(*Duras, toujours*)，南方出版社，2009年。

若埃尔·巴热-班冬，《玛格丽特·杜拉斯，无限的写作》(*Marguerite Duras, l'écriture illimitée*)，艾利普斯出版社，2012年。

雷奥波勒蒂娜·巴洛塔-德拉-多尔，《中止的激情，访谈玛格丽特·杜拉斯》(*La Passion suspendue. Entretiens avec Marguerite Duras*)，色伊出版社，2013年。

罗伯特托·普拉蒂，《舞台画》(*Tableaux de scène*)，艾尔利出版社，2013年。

让·里卡尔杜，《新小说》(*Le Nouveau Roman*)，色伊出版社，1973年。

克洛德·鲁瓦，《我们》(*Nous*)，伽利玛出版社，1972年。

让-马克·杜林纳，《圣伯努瓦街五号三楼左手》(*5, rue Saint-Benoît 3ᵉ étage gauche*)，大都会出版社，2006年。

让·瓦里尔，《这就是杜拉斯》(*C'était Marguerite Duras*)，卷一（1914—1945），2006年，卷二（1946—1996），法亚尔出版社，2010年。

让·瓦里尔，《玛格丽特·杜拉斯，生活就像小说》(*Marguerite Duras, la vie comme un roman*)，文本出版社，2006年。

菲利普·维兰，《他说，改编自玛格丽特·杜拉斯〈80年夏〉》(*Dit-il. D'après L'Été 80 de Marguerite Duras*)，塞西尔·德福出版社，2011年。

昂尼克·薇拉-玛塔，《巴黎永不终结》(*Paris ne finit jamais*)，克里斯蒂安·布尔若出版社，2012年。

阿兰·维贡德莱，《杜拉斯》(*Duras*)，弗朗索瓦·布兰出版社，1991年。

阿兰·维贡德莱,《致杜拉斯》(*Pour Duras*),卡尔曼-勒维出版社,1995年。

阿兰·维贡德莱,《玛格丽特·杜拉斯,真相与传奇》(*Marguerite Duras, vérité et légendes*),橡树出版社,1996年。

阿兰·维贡德莱,《另一种童年》(*Une autre enfance*),水边出版社,2009年。

● 专刊、特刊……

《雷诺-巴洛手册》(*Cahiers Renaud-Barrault*):第52期,1965年;第89期,1975年。

外交部,《玛格丽特·杜拉斯,电影作品》(*Marguerite Duras. Œuvres cinématographiques*),1984年。

《文学杂志》(*Magazine littéraire*),"玛格丽特·杜拉斯",2011年11月,1990年6月。

《新观察家》(*Le Nouvel Observateur*),"玛格丽特·杜拉斯",1998年8月20—26号。

《世界报》(*Le Monde*),"玛格丽特·杜拉斯——声音和激情"(*Marguerite Duras-La voix et la passion*),特刊,2012年。

致　谢

感谢安娜·色鲁瓦和伊莎贝拉·帕朗对本书出版一贯的支持。

感谢蕾蒂西娅·雷阿尔-莫雷托的配图。

感谢多米尼克·布朗、儒勒·卡里欧·亨利·尚皮埃·帕特里夏·布瓦耶·利迪·德比耶福尔、米歇尔·卡斯内、玛丽-卡特琳娜·德拉罗什、迈克尔·朗斯戴尔、米歇尔·芒索、让·马斯科洛、卡特琳娜·德·蒙塔朗贝尔、让-玛丽·戴尔莫拉尔、爱德加·莫兰、扬·普鲁加斯泰尔、拉法埃尔·色基埃、娜塔莉·西蒙。

CRÉDITS PHOTOGRAPHIQUES
（图片版权）

Pages 6-7 : © coll. Jean Mascolo/Sygma/Corbis. Page 9 : © coll. Kharbine-Tapabor. Page 11 : © coll. IM/Kharbine-Tapabor. Page 12-13 : © FIA/Rue des Archives. Page 14 : © coll. Kharbine-Tapabor. Page 15 : © coll. NB/Kharbine-Tapabor. Page 17 : © Gamma. Page 18 : © Gamma. Page 19 : © Leonard de Selva/Corbis. Page 21 : © coll. IM/Kharbine-Tapabor. Page 22 en haut : © Brunhes-Delamarre/Kharbine-Tapabor, en bas : © coll. Jean Mascolo/Sygma/Corbis. Page 24 : © Gamma. Page 27 : © coll. Jean Mascolo/Sygma/Corbis. Page 29 : © coll. Jean Mascolo/Sygma/Corbis. Page 30 en haut : © coll. Jean Mascolo/Sygma/Corbis, en bas : © Rue des Archives/BCA. Page 32-33 : © Abbas/Magnum Photos. Page 34 : © coll. Jean Mascolo/Sygma/Corbis. Page 37 : © Sipa. Page 38 : © Gamma. Page 40 : © Mary Evans/Rue des Archives. Page 41 : © TF1 Video/Christophel. Pages 42-43 : © coll. Jean Mascolo/Sygma/Corbis. Page 45 : © coll. Jean Mascolo/Sygma/Corbis.Page 46 : © Gamma. Page 49 : © coll. Jean Mascolo/Sygma/Corbis. Pages 50-51 : © Estate Brassaï/RMN-Grand Palais/Gérard Blot. Page 53 : © Gamma. Page 54 : © Rue des Archives/PVDE. Page 57 : © coll. Jean Mascolo/Sygma/Corbis. Page 58 : © coll. Jean Mascolo/Sygma/Corbis. Page 60 : © Gamma. Page 61 : © Keystone-France. Page 63 : © coll. Jean Mascolo/Sygma/Corbis. Page 64 : © Gallimard. Page 65 : © coll. Jean Mascolo/Sygma/Corbis. Page 66 : © Roger Berson/Roger Viollet. Page 70 en haut à gauche : © coll. Jean Mascolo/Sygma/Corbis, en haut à droite : © coll. Jean Mascolo/Sygma/Corbis, en bas à gauche : © Gamma, en bas à droite : © Raphael Gaillarde/Gamma. Pages 72-73 : © Hélène Bamberger/Cosmos. Page 75 : © coll. Jean Mascolo/Sygma/Corbis. Page 76 en haut : © Time & Life Pictures/Getty Image, en bas: © coll. Jean Mascolo/Sygma/Corbis. Page 78 : © Robert Doisneau/Rapho. Page 79 : © Robert Doisneau/Rapho. Page 80 : © Seeberger Frères/Rue des Archives. Page 81 : © Roger Viollet. Page 82 : © coll. Jean Mascolo/Sygma/Corbis. Page 85 : © Gamma. Page 86 : © Pierre Pean/Gamma. Page 89 en haut : © René Saint Pau/Rue des Archives, en bas : © Robert Doisneau/Rapho. Page 90 : © Rue des Archives/Agip. Page 91 : © Succession Willy Ronis/Diffusion Agence Rapho. Page 92 à gauche : © Folio/Gallimard. Photo : Michèle Laverdac, à droite : © Folio/Gallimard. Page 95 : © René Saint Paul/Rue des Archives. Pages 96-97 : © Albert Harlingue/Roger Viollet. Page 99 : © AFP. Page 100 : © Gamma. Page 101 : © Keystone-France. Page 102 : © coll. Jean Mascolo/Sygma/Corbis. Page 104 : © DR. Page 105 : © AKG-images. Page 106 : © Time & Life Pictures/Getty Images. Page 107 : © Studio Lipnitzki/Roger Viollet. Page 109 : © coll. Dixmier/Kharbine-Tapabor. Page 110 : © Gamma. Page 111 : © AFP. Page 112 : © Keystone-France. Page 114 : © Robert Doisneau/Rapho. Page 117 : © Archives du 7e art/Catherine Dussart Productions : Un barrage contre le Pacifique un film de Rithy Panh avec Isabelle Huppert, Gaspard Ulliel, Astrid Bergès-Frisbey. Page 118 : © Rue des Archives/BCA. Page 119 : © Folio/Gallimard. Page 121 : © Studio Lipnitzki/Roger Viollet. Page 123 : © Hélène Bamberger/Cosmos. Page 124 : © Franck Hamel. Pages 126-127 : © Studio Lipnitzki/Roger Viollet. Page 129 : © Faux/Sipa. Pages 130-131 : © Pierre Viallet/Gamma. Page 133 en haut : © Sunset Boulevard/Corbis, en bas : © 1959 Argos Films. Page 134 : © Gamma. Page 135 : © Dondero/Les Éditions de Minuit/Leemage. Page 138 : © Jack Nisberg/Roger Viollet. Page 139 : © Rue des Archives/RDA. Page 141 : © 1959 Argos Films. Page 142 : © René Saint Paul /Rue des Archives. Page 144-145 : © Faux/Sipa. Page 146 : © Hélène Bamberger/Cosmos. Page 147 : © Ozkok/Sipa. Page 148 : © Michel Desjardins/Rapho. Page 149 : © coll. Jean Mascolo/Gamma. Page 151 en haut : © Hélène Bamberger/Cosmos, en bas : © Hélène Bamberger/Cosmos. Page 152 : © coll. Jean Mascolo/Sygma/Corbis. Page 153 en haut à gauche : © Hélène Bamberger/Cosmos, en bas à droite : © Hélène Bamberger/Cosmos. Page 154-155 : © Jean Marquis/BHVP/Roger Viollet. Page 157 : © René Saint Paul/Rue des Archives.Page 158 : © Gallimard. Page 159 : © Gamma. Page 161 : © Pierre Viallet/Gamma. Page 163 : © coll. Christophel/Les Films Armori. Page 164 : © coll. Christophel/Les Films Armori. Page 166 : © Fonds Marguerite Duras/Imec. Page 167 : © coll. Christophel/Les Films Armori. Page 168 : © coll. Christophel/Woodfall Film Productions. Page 169 à droite : © Studio Lipnitzki/Roger Viollet, à gauche : © Rue des Archives/Agip. Page 170 : © Botti/Stills/Gamma. Page 171 à gauche : © Rue des Archives/Agip, à droite : © BHVP/Roger Viollet. Page 175 : © Louis Monier/Rue des Archives. Page 176-177 : © Botti/Stills/Gamma. Page 178 : © Rue des Archives/Varma. Page 179 : © Claude Schwartz/Rue des Archives. Page 180 : © Etienne George/Sygma/Corbis. Page 181 : © Nathalie Granger. Page 182 : © coll. Christophel/Les artistes associés/Woodfall. Page 183 : © coll. Jonas/Kharbine-Tapabor. Page 184 : © Rue des Archives/Agip. Page 187 : © coll. Christophel/Ancinex/Madeleine Films. Page 188 : © coll. Christophel/Les Films Armori. Page 189 : © Botti/Stills/Gamma. Page 190 en haut : © Nathalie Granger, en bas : © Keystone-France. Page 193 : © Étienne George/Sygma/Corbis. Page 195 : © Jean-Paul Guilloteau/Kipa/Corbis. Page 196-197 : © United Archives/Rue des Archives. Page 199 : © Hélène Bamberger/Cosmos. Page 200 : © Hélène Bamberger/Cosmos. Page 201 : © Collection de revues/Imec. Page 202-203 : © Rue des Archives/AGIP. Page 205 : © Nouvel Observateur. Page 207 : © Ulf Andersen/Gamma. Page 208 : © Hélène Bamberger/Cosmos. Page 210 : © 1980/2008 Les Éditions de Minuit/Hélène Bamberger. Page 211 : © Hélène Bamberger/Cosmos. Page 212 : © Hélène Bamberger/Cosmos. Page 214 : © Raphaël Gaillarde/Gamma. Page 216 en haut : © Hélène Bamberger/Cosmos, en bas : © Sichov/Sipa. Page 218 : © Pool Invest-Mitterrand 1981/Gamma. Page 220 : © Raymond Depardon/Magnum photos. Page 221 : © Sichov/Sipa. Page 223 : © Hélène Bamberger/Cosmos. Page 224 : © Jean Mascolo/Sygma/Corbis. Page 225 : © Jean Mascolo/Sygma/Corbis. Page 227 : © Ozkok/Sipa. Pages 230-231 : © Pierre Viallet/Gamma. Page 233 : © Jean-François Cheval/Roger Viollet. Page 235 : © Pierre Viallet/Gamma. Page 237 en haut: © Keystone-France, en bas à gauche : © Hélène Bamberger/Cosmos, en bas à droite : © Louis Monier/Rue des Archives. Page 239 : © Hélène Bamberger/Cosmos. Page 240-241 : © Hélène Bamberger/Cosmos. Page 242 à gauche : © Hélène Bamberger/Cosmos, à droite : © Hélène Bamberger/Cosmos. Page 245 : © Frédéric Reglain/Gamma. Page 247 : © Martine Peccous/Rue des archives. Page 249 en haut : © Hélène Bamberger/Cosmos, en bas : © Hélène Bamberger/Cosmos. Page 250 : © Gamma. Page 251 : © Janine Niepce/Roger Viollet. Page 252 : © Hélène Bamberger/Cosmos. Page 255 : © Fonds Marguerite Duras/Imec. Page 256 : © Hélène Bamberger/Cosmos.

© Adagp, Paris, 2013 : pages 54, 78, 79, 88 en bas, 114

图书在版编目（CIP）数据

爱、谎言与写作：杜拉斯画传 /（法）蕾蒂西娅·塞纳克著；黄荭译 . -- 北京：中信出版社，2022.3
ISBN 978-7-5217-3651-9

Ⅰ.①爱… Ⅱ.①蕾…②黄… Ⅲ.①迪拉斯（Duras, Marguerite 1914-1996）－传记－画册 Ⅳ.①K835.655.78-64

中国版本图书馆 CIP 数据核字 (2021) 第 210967 号

Marguerite Duras: L'écriture de la passion by Laetitia Cénac
Copyright © 2013, Éditions de La Martinière, Paris
Chinese simplified translation copyright © 2022 by Chu Chen Books
Current Chinese translation rights arranged through Divas International, Paris 巴黎迪法国际版权代理
All Rights Reserved.
本书仅限中国大陆发行销售

爱、谎言与写作——杜拉斯画传
著　　者：[法] 蕾蒂西娅·塞纳克
译　　者：黄荭
出版发行：中信出版集团股份有限公司
　　　　　（北京市朝阳区惠新东街甲 4 号富盛大厦 2 座　邮编 100029）
承 印 者：当纳利（广东）印务有限公司

开　　本：787mm×1092mm　1/16　　印　张：17.5　　字　数：247 千字
版　　次：2022 年 3 月第 1 版　　　　印　次：2022 年 3 月第 1 次印刷
京权图字：01-2021-6348　　　　　　　书　号：ISBN 978-7-5217-3651-9
定价：148.00 元

版权所有·侵权必究
如有印刷、装订问题，本公司负责调换。
服务热线：400-600-8099
投稿邮箱：author@citicpub.com